在线教育模式与评价研究

郭　敏◎著

吉林科学技术出版社

育教学的过程控制与质量管理；第六章主要内容是在线教学实践与研究；第七章分析了在线学习评价及评价指标体系的构建；第八章是对在线教育变革的思考与未来发展的展望。本书对在线教育理论以及在线教学的实践应用进行了比较系统、详细的阐述，具有一定的创新性和实用性，为在线教育的开展与实施提供了新的视角，为从事在线教育的一线教师提供了可以借鉴的实施模式，对在线教育的相关研究起到一定的借鉴和参考作用。

在本书撰写过程中，笔者参阅了一些专家、学者、同仁的观点，在此向他们致以深深的谢意！由于笔者水平有限，书中不足之处在所难免，希望广大读者提出宝贵意见，以便进一步修订。

目　录

第一章 在线教育概述

第一节 在线教育的发展历史与发展现状

一、在线教育的发展历史

从20世纪90年代末互联网起步开始，信息技术与教育的有效结合就成为一个新的课题。经过不断的摸索，我国庞大的在线教育产业已经逐渐走向成熟。迄今为止，我国在线教育发展历程可以大致分为萌芽起步阶段，探索生存阶段、快速成长阶段和初步成熟阶段四个阶段。

（一）萌芽起步阶段（20世纪90年代）

20世纪90年代，随着信息技术的发展和互联网的出现，我国产生了以信息技术和网络技术为基础的现代远程教育。1994年底，在教育部的主持下，"中国教育和科研计算机网（CER）示范工程"由清华大学等10所高校共同承建。这是国内第一个采用TCP/IP协议的公共计算机网。随后，互联网教育企业开始在我国萌芽。1996年，我国第一个中小学远程教育网——101远程教育网的成立标志着基于网络的教育模式在国内正式形成。101远程教育网每周发布中小学主要学科的教学课程内容，学生只要有一台电脑和电话，就可以坐在家中，通过计算机接收课程辅导信息和精品试题，也能在网上与教师和同学交流。

1999年是我国在线教育发展中的一个重要时间节点。这个时期的在线教育主要由政府主导，高校和职业培训企业为承载体，开展在线教育的试点。自1999年以来，教育部陆续批准了68所高等院校成为全国现代远程教育试点学校，对这68所高校培养的达到本、专科毕业要求的远程教育学生，由学校按照国家有关规定颁发高等教育学历证书。

这个时期在线教育的发展具有很强的局限性，主要原因是受到外部环境的限制。一方面互联网技术尚不成熟，宽带受限，家庭电脑普及率不高，受众面较小，且计算机等设备的性能有限，在线教学多采用录播形式，通过互联网进行付费分享，课程种类单调、产品质量低、体验感差；另一方面，用户尚未习惯在线教育的教学方法，在线教育模式尚未得到普遍的接受和认可。

（二）探索生存阶段（2000—2010年）

随着网络宽带服务性能的提升，更多具有互联网属性的教育企业相继成立，企业模式在线教育开始不断的探索和发展。1999年，北京华夏大地远程教育网络服务有限公司成立，2000年4月正式开通运营华夏大地教育网，为国内外个人与集体会员提供语言类、计算机等多个领域的网络辅导课程。同年，中华会计网校起步；安博教育集团创立，在国内率先提出"构建中国自己的开放式网络教育平台"理念，并成为首家研创出符合国际标准的网络教育平台。2000年，正保远程教育成立，后于2008年在美国纽约证券交易所上市，专注于职业教育和相关服务。2002年12月，教育部批准"中央电大远程教育公共服务体系建设试点"项目正式启动，并由中央广播电视大学和电大在线远程教育技术有限公司共同组建奥鹏远程教育中心。2001—2004年，沪江网、财考网、环球职业教育在线等相继上线。2004年，清大世纪教育集团旗下中华教育服务网上线，率先提出互联网"教育超市"的概念。同一时期还出现了互联网教育技术提供商，主要涉足现代远程教育领域的信息化技术服务，如2000年3月成立的北京网梯科技发展有限公司。

与此同时，互联网在实体教育培训行业内开始掀起第一波热潮，一些线下培训机构开始转战线上。2000年12月，国内著名的私立综合教育机构新东方推出了"新东方在线"，正式进入互联网教育领域，在线下强大的品牌号召力的推动下，迅速抢占市场。创建于1998年的VIPABC集团也于2004年3月首推在线英语学习平台，从线下的专业培训机构转向开启在线教育征程。

在此阶段，直播式在线教学迅速发展，进入了真正意义上的在线教学时代。随着互联网的普及，教师通过直播进行在线授课，并通过在线互动解决学生的疑难问题。在线教育教学模式不断创新，受众群体逐渐扩大。

为了促使学习者转变学习观念，感受到在线教育的利好，多数企业的在线教育课程以免费或低价的形式展开。在前期技术投资以及推广营销等巨额成本费用的重压下，这个时期的在线教育并没有找到合适的盈利模式，相比同时期互联网其他行业来说，在线教育发展缓慢。

（三）快速成长阶段（2011—2017年）

2012年6月，中国开放大学（The Open University of China，OUC）成立，由我国教育部直属，以现代信息技术为支撑，面向全体社会成员，是实施远程开放教育的新型高等学校。中国开放大学同时实行学历教育与非学历教育，学校有权授予学士学位。截至2019年6月，中国开放大学共计招生1900万人，其中在校学生近405万人，本科生102万、专科生303万；30岁以上的有160万人，40岁以上的学生有40万人。

随着国外大型开放式在线教育平台Coursera、Udacity和edX的出现，慕课（massive open online courses，MOOC）开始兴起。2013年，清华大学宣布加入美国在线教育平台edX，并向世界开设了四门MOOC课程。此后，MOOC大规模进入亚洲，香港科技大学、北京大学、清华大学、香港大学等相继开设在线课程。以清华大学为首的多所高校开始在国内建立自己的MOOC平台，进一步拓展在线教育模式，促进优质教育资源的开放与共享，为社会提供更加广泛的教育服务。众多新兴互联网教育企业纷纷进军在线教育市场，仅2013年就有近千家在线教育机构实现上线运行。

移动互联网技术，移动智能端口（平板电脑、智能手机等）的发展和普及为在线教育产品提供了新的发展空间。多媒体、新媒体、自媒体纷纷加入在线教育行业，产品日新月异，商业模式不断更新。进入了工具、平台、内容多元化在线教育时代，低质量的在线教育产品逐渐落伍，在线教育市场逐渐走向理性。

（四）初步成熟阶段（2018年至今）

2018年以来，在线教育行业发展虽然增速放缓，但仍然保持着高增长的状态，行业前景良好。在政府、社会、学校的多方合力下，当前在线教育行业取得了长足发展。2018年在线教育行业规模达到2517.6亿元，规模增速达到25.7%，增长势头依然稳健。与此同时，在线教育用户规模也在持续走高，达到了2.08亿人，其中付费用户规模达到1.3亿人，增速达到23.3%。这表明随着在线教育的发展，用户对于付费的可接受度逐渐增强。2019年的市场规模达3133.6亿元，同比增长23.5%。兴趣、艺术类教育和K12教育的发展势头最强。随着80后、90后父母教育意识的升级，对在线教育的认知与接受程度进一步提高。截至2019年，我国在线教育用户规模达2.61亿人，同比增长25.5%，其中移动设备在线教育用户规模约占2亿人。

在线教育的发展很大程度上是随着移动互联网的浪潮发展起来的。移动智能端口，如智能手机、平板电脑、便于携带、操作简单，更符合在线教育打破空间限制、充分利用碎片化时间的特点。

另外，资本也进一步向在线教育市场聚拢。2011年开始中国在线教育投融资规模呈现增长趋势，2014年开始快速增长，2016年投融资数量达到近300例，之后略有减少但仍处于投融资数量的高峰平台期，且投融资总额仍在不断攀升。从2018年下半年开始，在线教育的政策环境监管趋严，资本市场日渐趋冷。在线教育行业进入了初步成熟阶段，资金加速流向头部梯队，开始了强者越强的时代。从融资轮次来看，在线教育领域仍以早期轮次为主，2018年A轮及以前的融资占整体融资的69%，A轮以后的中后期轮次占比31%，2019年中后期轮次占比有小幅增加。虽仍以早期轮次为主导，但在线教育领域的投融资开始向发展期和成熟期偏移。

截至2020年3月，正保远程、51Talk，跟谁学、新东方在线、流利说、尚德机构、有道7家在线教育企业顺利上市。随着上市企业逐渐增加，并购也开始出现，在线教育行业进入优胜劣汰的红海市场。

近年来，在线教育类App、教育直播系统软件的使用频率和用户使用时长均保持逐步上升态势。截至2019年12月，在线教育App单机使用天数为5.5天/月。2019年用户使用时长增速为40%以上。可以看出，随着在线教育的发展，不论是个人用户还是教育培训机构，对于应用软件的依赖性越来越强。此外，用户对在线教育的接受度不断提升、在线付费意识逐渐养成也是在线教育市场规模持续增长的主要原因之一。

头部在线教育企业一方面通过技术赋能和教学标准化，以较为成熟的商业模式为基础拓展科目，积极进行跨赛道布局，如进军编程、音乐、美术、早幼教领域等，深耕教研，提升单客付费额度。另一方面，开始发力下沉市场，开拓新客源。随着经济水平提高、信息技术资源的普及以及教育意识的增强，三、四线城市及乡镇居民的学习需求不断扩大。现阶段在线教育行业在一、二线市场已日渐成熟，而三、四线城市以及乡镇地区仍处于发展期，具有较大的发展潜力。

在激烈的竞争中，一些在线教育平台出现了以低俗信息造噱头、发布虚假优惠信息等恶意竞争，以及教师水平参差不齐等扰乱市场秩序的现象。2019年，为规范行业发展，为在线教育产业创造良好发展环境，教育部联合有关部门相继出台一系列调控政策和文件，市场监管逐步严格化、规范化，督促在线教育产业趋向有序、约束和规范。

二、在线教育的发展现状

目前在线教育风头正劲，在线教育行业热点不断，在线教育市场正在走向成熟。在线教育在我国的基础教育、高等教育、职业教育、各类培训中得到了广泛的应用，未来将成为建设学习型社会的主要途径。在线教育在军事领域也得到应用，并将成为军事职业教育的主要形式。

（一）在线教育的现状

我国高校是在线教育的主阵地。高校在线教育的发展，可追溯到20世纪90年代高校现代远程教育（网络远程教育）的试点。1994年原国家教委实施"中国教育和科研计算机网示范工程"，为高校发展在线教育奠定了基础。1996年时任清华大学校长王大中提出发展现代远程教育的构想。1998年6月教育部报请国务院批转《关于发展我国现代远程教育意见》，提出积极推动现代远程教育发展的必要性和紧迫性，及其指导方针、目标、任务、实施步骤和主要措施等。同年7月，时任国务院副总理李岚清批示"远程教育是利用现代信息技术，发展高素质教育的一种教育方式，是一件很大的事，我们应作为一项重大工程来研究实施"。1998年12月教育部制定、1999年1月国务院转批《面向21世纪教育振兴行动计划》，提出实施"现代远程教育工程"，形成开放式教育网络，构建终身学习体系。1999年3月教育部批准清华大学、浙江大学、北京邮电大学、湖南大学4所高校进行现代远程教育的先行试点；同年4月，教育部决定开展中央广播电视大学人才培养模式改革和开放教育试点。2000年7月教育部批准中国人民大学、复旦大学等15所高校开展现代远程教育试点，构建信息化的人才培养模式，实现多模式、多渠道、多终端的教学过程，探索面向社会需求和市场办学的新机制，促进教育公平和均衡发展，加快高等教育大众化进程，同时推动试点高校的信息化建设。到2002年教育部共批准68所普通高校和中央广播电视大学（即国家开放大学），开展现代远程教育试点。配合试点，各高校制定网络远程教育的措施和配套政策，建立网络教育环境、校外学习中心与学习点，建设网络课程和远程教育课程，开展普通专科、专升本、研究生学历教育和继续教育。截至2013年试点高校建立了几十个网络学院、几千个校外学习中心和学习点，培育了一批高水平的专职和兼职师资队伍，注册学习人数接近千万，推动了全民学习、终身学习的学习型社会建设。

2012年"数字海啸"——慕课席卷全球，对教育领域带来强烈冲击，为应对在线教育呈现出的井喷态势，2013年、2014年，教育部及有关部门出台了一系列教育改革政策，这些政策的数量超过近20年出台政策的总和，教育部一系列的举措，不仅顺应了时代潮流，满足了社会市场的需求，也为社会各类教育机构的发展指出了明确的方向。2014年国务院取消利用网络实施远程高等学历教育的网校审批。取消现代远程教育办学审批后，非试点、职业教育院校甚至企业都把目光聚焦于在线教育。

目前，我国有超过百所的高校开展在线教育。这些高校正在由注重校外办学向校外办学与校内服务并重的方向发展，不仅为社会公众提供免费的优质在线课程资源和学习服务，同时，利用丰富的课程资源、信息化的平台、多元化的教学方式和教学手段，为校内全日制的本专科、研究生教育的教学实施、课程选修等提供服务，促进校内全日制教育和继续教育的课程互选、学分互认。

2015年开始，我国高校、行业/企业纷纷建立在线教育联盟，大力推进校校合作、校企合作、产教融合、共同育人，目的是建立统一的资源标准体系、教学标准体系、学习过程监控体系、学习支持服务标准及评价，建立健全在线联盟管理制度与机制；打造在线教育公共服务平台，完善平台功能；汇集联盟高校优势，推进精品课程、师资、人才等共享交流，并为联盟高校学生及社会学习者提供多样化学习选择和优质服务，向学习者公开学习成果转换的相关信息，方便学习者随时随地定制各种所需的服务和获取自己的学习成果等。

除了高校外，社会上很多机构与企业也纷纷涌入慕课这个新兴的在线教育市场，新浪、网易、搜狐相继建立了自己的在线教育机构，仅"天使"投资的在线教育平台就有10多家。2012年以前，大众熟知的在线教育机构和平台少之又少。2013年不少企业开始涉入在线教育领域。2014年以百度、阿里巴巴、腾讯为首的互联网巨头进入教育行业并迅速布局，抢占在线教育市场。在2014年的世界互联网大会上，阿里巴巴的当家人马云表示，在阿里巴巴未来10年的投资计划清单上，教育排在第一位。教育正在转型，互联网浪潮中在线教育的发展已经不可阻挡，未来教育的发展是教育的互联网化，在线教育让教育变得更加公平。

截至2015年年底，我国在线教育企业的数量约9500家，从领域分布来看占比前4名分别为中小学教育、学前教育、职业教育和语言学习。从在线教育市场的业务类型来看，3/4以上的企业做内容，如各类直播课程和录播课程，课程数达数十万门；超过15%的企业做在线教育工具软件、教学平台和技术服务。由此可见，在线教育是以"内容为王"，主要由"内容"和"技术"构成的互联网产业。

2014年在线教育行业投资旺盛，据互联网教育研究院统计，2014年进入在线教育行业的资金为160亿元左右。2016年前，许多资金盲目进入在线教育领域，2016年后，在线教育的投资回归理性，盲目"烧钱"式发展已过去。

2008年至2016年我国的在线教育用户数持续增长。在线教育的用户中，上海占15.3%、北京占14.3%、广东占13.7%、江苏占7.3%、浙江占7.0%。

（二）在线教育的发展

在线教育抓住了重要的发展机遇，发展方兴未艾，传统的教育机构加大在线教育的建设力度，互联网巨头们纷纷投入在线教育。同时，在线教育也获得了大量资本的青睐，有了更多的资金支持。虽然在线教育发展得热火朝天，但是中国的在线教育依然没有一种比较成熟的模式，必须探索适应中国在线教育发展的模式。因此，必须对我国在线教育发展进行深入分析，看清优势和不足，从而为中国在线教育拨开迷雾，找到正确的发展方向。

1.未来发展应走内涵式发展之路

对高校来说，今后在线教育的发展应走以质量为核心的内涵式发展之路，坚持办学专业与层次错位发展，创新办学体制与管理，加强校外与校内衔接。

（1）以质量为核心的内涵发展

高校必须把在线教育办学转到以质量为核心的内涵发展上来，不断优化完善专业设置与课程体系建设，举办与学校品牌、定位相适应的学历和非学历教育，坚持同校同质。应加紧推进在线教育质量保证体系建设，尽快制定国家层面的质量保证标准。

（2）办学专业与层次的错位发展

加强校际、校企间合作，在办学专业、办学层次实现错位发展的前提下，校际校企间建立在线教育联盟，联盟间加强多样化的在线课程资源共建共享，推进课程互选、学分互认和积累，扩大课程资源向社会开放的范围。应该尽快组织制定国家学分资历框架，委托相关机构研究出台学分标准和课程标准。

（3）办学体制与管理的创新发展

高校要推进在线教育办学体制和教学管理创新，促进各类教育沟通衔接，推进各类型学历教育与非学历教育融合发展，实现归口管理，以学历在线教育的先进模式引导非学历教育的改革，统一质量标准、教学模式，推动各类课程资源整合，共享教学资源、学习支持服务和技术保障。应尽快出台非学历在线教育教学管理、证书管理等相关制度。

（4）校外与校内衔接的融合发展

高校在线教育要由注重校外办学转向校外办学和校内服务衔接，利用校外办学形成的先进灵活的教学手段、成熟多元的教学模式和丰富优质的资源，服务校内普通全日制教育，推进优质课程资源和信息化平台为校内全日制学生服务，为校内专本科、研究生教育的教学实施、课程选修等提供服务，促进校内全日制教育和继续教育的课程互选、学分互认。

（5）以制度和标准为主的依规发展

现代远程教育办学审批取消后，应尽快出台落实政策，充分释放在线教育红利，让办学权真正回归学校。高校依据政策和本校实际自主开展在线教育，国家教育行政部门及行业组织，加强准入制度和标准的制定以及评估指标体系、认证办法的设计，加强办学监督和评价。

2.未来发展应走融合式发展之路

在线教育未来发展，必须深入融合各类教育技术，让技术为在线教育服务；同时，在线教育必须线上线下融合发展，促进在线教育与传统教育的优势互补；建立学分银行制度机制，促进在线教育与其他类型教育的有效衔接、学习成果互认。

（1）以技术促进在线教育纵深发展

随着信息技术、计算机技术、网络技术和数字媒体技术的不断发展和融合，虚拟现实技术（VR）、增强现实技术（AR）、混合现实技术（MR）、人工智能技术（AI）、大数据技术、云计算技术，迎来了最好的发展时代，将对教育领域产生革命性的影响。

虚拟现实技术是一种可以创建和体验虚拟世界的计算机仿真系统，它利用计算机生成一种模拟环境，是一种多源信息融合的、交互式的三维动态视景和实体行为的系统仿真，可使用户沉浸到该环境中，具有沉浸感、交互性、假想性等特点。增强现实是一种实时地计算摄影机影像的位置及角度并加上相应图像、视频、3D模型等技术，在屏幕上把虚拟世界叠加在现实世界并进行互动，以真实世界画面为重心，具有现场感、增强性、相关性等特点。混合现实技术是一种将真实场景和虚拟场景非常自然地融合在一起，它们之间可以发生具有真实感的实时交互，让人们难以区分哪部分是真实的，哪部分是虚拟的，更强调计算机虚拟画面，具有现场感、混合性、逼真性等特点。

目前，各高校都在大力普及虚拟现实、增强现实和混合现实技术，积极推动教学、实训模式创新，实现虚拟实验、远程遥控试验、在线训练，让学习者在虚拟情境中体验学习，让抽象的书本知识更直观明晰、生动有趣，让教学过程更具交互性等优势。

人工智能技术是一种模拟、延伸和扩展人的智能的技术，未来人工智能技术带来的机器学习、计算机视觉等，将会对教育起到很大的辅助作用，可以将教师从烦琐、重复、机械的工作中解脱出来，让教师腾出更多的时间和精力用于个性化教学、提高教学质量、创新教学方法，促进在线教育从移动时代向人工智能时代过渡。

大数据是指由各类传感器捕获或在互联网上产生的大量实时数据。大数据的"大"，不仅仅在于其容量巨大，更重要的在于通过大量数据的交换、整合和分析，发现新的知识，创造新的价值，带来"大知识""大科技""大利润"和"大发展"。大数据技术主要包括数据分析技术、数据挖掘技术、数据管理技术、数据处理技术、数据呈现技术等。大数据本身毫无意义，其真正的价值在于分析，即通过对数据的开放整合和深度分析，挖掘出新的潜在价值，为教学决策、学习优化服务。未来，在线教育将成为教育领域的一大重点，借助海量的数据分析，可为管理者提供在线教育办学的整体情况，并对教学活动进行检查、跟踪，对教育机构进行指导、评估，使其更好地形成多元化的教学时空和环境；对教育者而言，通过大数据分析，可为其提供学习者的学习喜好、自主学习路径、师生交互行为分析以及影响学习者学习表现的各种因素分析等，帮助其更好地监督学习者的学习过程，创新课程教学手段，实施个性化教学和导学，有效组织翻转课堂；对于学习者而言，则可以了解自己的行为表现、问题和短板及与他人的关系。

（2）以混合式教学促进在线教育与传统教育优势互补

传统面授教学具有系统传授知识、教学过程组织严密、师生交互和沟通顺畅等优势，但因其将教学的空间限定在校园内，且大多以"满堂灌""一言堂"的形式单向传授知识，不利于学习者创新能力的培养和提升。在线教育具有内容丰富和更新及时的教学资源，学习开放自主灵活、高效便利与多元化、个性化等优势，但因其不利于系统的知识学习，缺乏面对面的交流、学习环境和学习氛围以及学习督导和监控，影响了学习的质量和完成率。线上线下的混合式教学，通过对各种教学媒体、教学环境、教学内容与学习资源等教学要素的有效混合，构建出一种既能发挥教师在引导、启发、监控教学过程中的主导作用，又可以满足学生自主学习需要，还可以充分发挥学生主动性、积极性、创造性的教学模式。

未来在线教育采用线上线下的混合教学模式，逐步建立网络教学和面授教学、自主学习和协作学习、理论学习和实践实训相结合的混合式教学模式，为学生提供多元学习选择。教师将课程重点、难点与知识应用在课堂上进行面对面的讲授，同时将教学延伸到课堂外，学生除了课堂学习外，课后可以进行一般知识和拓展知识的在线自主学习，或对课堂上讲授的知识进行回顾和加深学习，并在线做作业、在线答疑、在线讨论交流和在线评价等，充分利用课堂教学和在线学习的优势互补来提高教学和学习质量。

（3）以学分银行促进在线教育与其他类型教育衔接

学分银行是一种模拟或借鉴银行的基本功能与运行机制，以学分为计量单位，对学习者的各类学习成果进行统一认证与核算，是具有学分认定、积累、转换等功能的新型学习制度和教育管理制度，代表了"大教育""大资源"和终身学习的发展趋势。

学分银行是世界上很多国家已经展开研究并实施的基于学分制的一种教育管理制度，也是构建各级各类教育学习成果沟通和衔接的"立交桥"。它通过学分认定、积累、转换等功能，构建不同级别、类型的学分通兑和折算系统，保障了不同教育形式、不同区域和院校间的学分互认，形成了不同层次不同类别的教育沟通机制、不同教育形式资源的整合机制、不同类别的学习成果认证与转换机制，这些机制是学分银行特有的衔接机制，是构建终身学习"立交桥"的制度保证和技术支撑。

学分银行制度突破了传统教育制度的封闭模式，为不同教育形式建立了沟通与交流的渠道，为各类教育形式的转换和衔接提供了平台，将正规教育、非正规教育和非正式教育纳入统一的教育体系内，为不同层次和不同类型的教育搭建了融通桥梁。

通过学分银行的衔接机制，推动在线教育课程学分认定和学习成果互认，形成递进式人才成长方式。

第二节　在线教育的内涵与特点

一、在线教育的内涵

在线教育也称"互联网教育""在线学习""网络教育""网络远程教育"，是指通过互联网等数字化媒介手段进行学习和教学的教育形态。

国外将"在线教育"称为E-Learning，一般指基于网络的学习行为，简单而言就是使用个人电脑、移动智能终端等，在网上完成上课、练习、讨论、考试等环节，具体通过慕课、微课、视频、实时互动问答等方式学习相关知识。E-Learning中的"E"代表着电子化的、有效率的、拓展的、延伸的、增强的、探索的、经验的、易使用的等涵义。

在线教育充分利用互联网思维及技术创新，突破时间、空间、地域的界限，形成不同于传统面对面授课的全新教育方式，是基于网络的教学模式和学习方式。借助网络的便利性，学习者可以随时随地进行学习，真正打破了传统教育的时空限制，一门慕课课程能吸引成千上万学习者注册学习，远隔万里的学习者可以实时聆听名校名师的精彩授课，遇到难题可以请求教师或同学的帮助，或是手机扫一扫即可得到答案，对于工作繁忙、学习时间不固定的人士而言，在线教育是最便捷、最适合的学习方式。

在线教育不是简单地将传统课堂搬到网上，其内涵十分丰富：

第一，在线教育充分体现了互联网"开放、共享、参与、互动"的核心价值，教学从学校向社会扩展，改变了知识的获取方式、教学模式和学习模式，并利用技术建构了以学习者为中心、以教师为主导的教学行为，学习者参与教学，实现了教学互动和协作学习。

第二，在线教育有完整的教学过程，即学、测、评、导过程；在线教育的内容经过精心梳理和重构，更加符合人们的认知规律和碎片化学习、泛在学习的需要，实现个性化学习和自适应学习，提高了学习效率，让学习者更有成就感。

第三，在线教育教、学、管、服务四位一体，更加强调学习支持服务的作用，包括教师导学、有效互动、学习测评，以及在线教育条件建设、平台服务和公共服务等。在线教育基于教育平台开展教学，平台除在线课程和提供教、学、管、服务功能外，还需要建立有助于教师分析学习者学习行为和有效进行导学的学习信息库、有助于实施个性化教学的教学素材库、有助于应用型人才培养的教学案例库、有助于混合式教学的虚拟实验库、有助于过程测评的题库、有助于经常性问题解答的智能答疑库等。

第四，在线教育开放教育资源，让学习者能多元选择，按照自己的兴趣和需要在网上选修各种课程，获得不同的学位、证书或学分认证，降低学习的成本。教育机构利用开放教育资源，实施混合式教学，支持翻转课堂，解决课程结构短板问题，弥补知识快速更新中教师短缺问题，并实行学分互认，推动高校间、高校与行业/企业间、学历与职业教育间的学习成果积累与认证转化。

二、在线教育的特点

1.开放性

在线教育是一个基于互联网平台的虚拟学习空间，每个人都能通过网络获得教育资源，不再局限于地理位置、教室空间大小和教学时间，甚至学习者年龄、职业、学籍等限制因素；并且由于受众人数多、师资成本低等原因，在线教育中包含众多免费学习资源，满足不同层次的学习需求，可供学习者自由地进行选择性学习。相较于教导者和学习者面对面授课的传统教育方式，在线教育具有极强的开放性。同时，由于受众者远远超过传统的线下教育，在线教育达到了降低边际成本的效果。

2.无疆性

电脑、平板电脑或智能手机等电子设备和网络环境是在线教育的硬件条件，只要满足了此类条件，教导者和学习者即可打破传统教育中物理教室的限制，跨越时间、位置和空间进行知识的传输。一方面，在线教育的内容主要以视频作为承载主体，利用碎片化时间学习也更符合当今快节奏的生活方式。一个短视频一般10～20分钟，能帮助学习者学习1～2个知识点。通过对教学内容的分割，短时间分段学习更利于学习者集中注意力，学习效率相对较高。而通过有效的教育信息化工具，可以全方位、全时段、可视化地呈现学习者的学习情况，促进教导者的教学管理。因此，对教导者和学习者而言，都体现出了极大的自由，实现了处处能教、处处能学。另一方面，教导者可以摆脱迎合学习者主要需求的制约。传统线下教育中，要协调教导者和学习者双方的时间、教学地点以及教学空间的容纳上限，时间成本、资金成本较高。因此，只有迎合了大多数学习者学习需求的课程才能获得较好的收益；而在线教育由于受众广，潜在用户多，且具有无疆性等特点，可以更好地体现长尾效应，使得教学内容更加丰富，教学手段更加多元化。

3.自主性

在传统教育中，教导者不仅仅扮演着知识输出的角色，还起到了管理、督促以及引导的作用。然而，在在线教育实施过程中，由于在线教育的开放性和无疆性，教导者的督促、引导作用被弱化。因此，学习者的自主性大大增强，除了对于学习时间、学习地点的自主控制，还可以依据自己的能力、兴趣选择学习内容。然而，由于在线教育中学习的主要驱动力变为学习者的兴趣和热情，对于自制力和自我规划能力较差的学习者而言，学习效果以及学习完成度会有所降低，这也是自主性学习的弊端。许多在线教育的教导方会通过把控学习时长、增加作业量和进行学习效果测试等方式督促学习者学习。

4.个性化

在线教育的个性化体现在教学侧、学习侧和反馈三个方面。首先，教导者的教学方式、教学手段可以更加多样化，可以利用丰富的教学资源呈现多元化的在线课堂。而学习者可以依据自己的能力和兴趣选择学习内容、学习重点，甚至学习方式，根据自己的时间和能力把控学习进度，也可以在线与其他学生和教师进行交流学习，使得每个学习者的学习过程、学习重点都不尽相同。相较于传统教育中"大锅饭"式的教学模式，教学内容从由教导者决定转换为由学习者选择，"对症下药"式的学习可以提升学习兴趣和学习效率。因此，相较于传统教育，在线教育可以满足学习者个性化学习的需求。另外，在线教育可以通过教育信息化工具和数据库更好地收集、记录每个学习者的学习信息，包括各个知识点的学习时长、测试结果等，从而依据这些信息向每个学习者提供或推荐更有针对性的学习内容，体现个性化的反馈结果，进而推动个性化的教学，形成良好的正向循环机制。

5.社会化

相较于传统教育，在线教育不需要实地授课，能极大地节省时间成本和师资成本，也因此更具价格优势。以往的传统教育辅导班动辄上千元，甚至过万元，而在线教育中的收费课程其价格大多为几十元到几百元不等，甚至还有许多免费课程资源。另外，在线教育覆盖人群广，教育资源种类繁多，相同知识点的教学内容往往会有众多可供选择的课程。学习者的自主选择性明显提高的同时，对课程的质量、教师的专业知识水平、具有吸引力的教学手段等也提出了更高的要求。相较于传统教育中由于地域因素导致的教育资源发展不平衡、教师的职业素质参差不齐等弊端，在线教育能有效地加以弥补，更好地促进教育公平。通过在线教育，用户可以低成本地获得国内外优质教学资源，教育领域也因此进入更加激烈的优胜劣汰之中。

第三节　在线教育的主要形式与运营模式

模式是解决某一类问题的方法论，"互联网+"背景下的在线教育的模式是多种多样的，既包括课程模式和学习模式，又包括在线教育的商业模式和运营模式等。

一、在线教育的主要形式

随着互联网宽带的提升，以及包括教学视频、教学游戏在内的多媒体与互动技术的发展，在线教育内容以更加多样化的形式呈现给用户，极大地丰富了线上的学习体验。

从在线教育的发展脉络来看，先后出现了传统网络课程、视频公开课、慕课、微课、翻转课堂、SPOC，泛在学习等主要形式。每种形式各具特色、互为补充，为不同需求的学习者提供多样化服务。表1-1是在线教育主要形式对比列表。

表1-1　在线教育主要形式的特色、主要适用对象对比

在线教育的形式	特色	主要适用对象
网络课程	最早的数字化教学资源，为异步在线课程。课程完整成体系，内容多为定型的、完善的和不可变更的，课程建设技术成熟、有相应规范，课程资源丰富。但课程内容相对陈旧、更新缓慢；课程表现形式单一，不含或含少量作业，缺少互动，没有证书	在校学习者、知识系统学习者
视频公开课	最早的互联网知识共享与教育开放的产物。主要为世界一流大学的课堂授课视频和TED讲座，内容优质、新颖、稀缺，讲述生动。视频公开课不含作业、在线教学活动，常被视为数字"读物"	社会大众学习者、在校学习者
慕课	近年来风靡全球的在线课程，为同步在线课程。由碎片化知识点的授课实录或微视频及其作业测试、大量在线互动教学活动构成，安排助教专门负责答疑解惑。课程精品化，制作成本高，内容与资源丰富；在线教学活动完整，有互动、作业与练习，有考试及课程与微专业证书，慕课教学的全过程都在网上实施。但慕课的受众不明确、教学过程缺乏监督、课程平台不统一、制作和运行费用昂贵	在校学习者、在职学习者、学历需求学习者

在线教育的形式	特色	主要适用对象
SPOC	后MOOC新型教学方式。主要用于校园课程，是一种慕课+补充交流的模式，将慕课与线下教学结合，促进慕课与传统课堂教学的深度融合，具有小规模、限制性准入等特点。入选SPOC教学的学习者必须保证学习时间和学习强度，接受教学团队的指导和互动，参与课堂交流和专题讨论，完成规定的作业和考试。SPOC能全程关注学习者的学习，提高慕课的完成率和教学质量，但SPOC有学习者专业基础和申请门槛的限制	在校学习者
微课	当前盛行的微型化在线课程，也可作为慕课的组成元素。为单个知识点或教学片段的讲授视频，时间以5~10分钟为主。内容短小精悍、主题突出、内容具体、指向明确；表现和传播形式多样，便于学习和使用；有一定的在线教学活动。微课内容不完整，缺少系统的教学设计，缺少在线学习服务	在校学习者、社会大众学习者
翻转课堂	创新的教学方式。将课堂内外的时间进行重新分配，先学后教，让学生课前先自主学习，课堂上教师指导知识应用和实践、解决学生遇到的问题。翻转课堂对学习环境、教师能力素质要求高，因此，实践中翻转课堂常常只停留在教学形式的翻转上；同时，翻转课堂使教师的工作量"翻倍"，不能大规模实现，且教学评价是一个难点	在校学习者
泛在学习	创新的学习方式。通过智能化环境，学习者可以随时随地、利用任何终端进行学习	所有学习者

下面分别介绍主要的在线教育形式。

（一）网络课程

网络课程是指通过网络表现的某门学科的教学内容及实施的教学活动的总和，是信息时代条件下课程新的表现形式。它包括按一定的教学目标、教学策略组织起来的教学内容和网络教学支撑环境。其中，网络教学支撑环境特指支持网络教学的软件与工具、教学资源以及在网络教学平台上实施的教学活动。简而言之，网络课程就是通过某种软件在网络上进行教学的远程课程。

有人认为网络课程一般是指传统课程在现代网络信息环境下的重建，但随着慕课、微课出现，网络课程已形成了涵盖慕课、微课、视频公开课等大网络课程的概念了。

网络课程具有全日制教学、开放式教学、大规模资源集成、多维信息交互等功能，具有交互性、共享性、开放性、协作性、自主性、个性化和多媒体化等特征。网络课程主要应用在高等教育、职业教育、成人教育、函授教育、培训等教育领域，其在教学中的应用主要有独立教学、混合教学、自主学习等方式。目前，我国的网络课程资源建设已形成了国家级、省级与校级三个层次的建设体制；网络课程教学平台一般由教育机构自行建设。

（二）视频公开课

视频公开课，是一种采用视频加字幕的形式，如实记录教师在现实教学环境下授课的完整教学过程，并通过网络广泛传播，与全社会共享，满足广大学习者需求的在线教育资源和模式。

视频公开课为传播先进的科学、优秀的文化、有用的技能提供了平台，同时也为推广现代教育思想、体现教育教学规律、展示高校教师先进的教学理念和方法、普及优质课程资源并服务于社会公众，提供了很好的机会。

视频公开课是全球范围内的开放共享的优质教育资源，涵盖的学科领域面非常广，课程数量十分庞大。国外的视频公开课一般为世界顶尖高校、顶尖教授的授课视频及学术讲座，如哈佛、牛津、耶鲁、麻省理工等为代表的国外名校建立了平台，在网络上提供其课堂实况录像的视频公开课。我国的视频公开课除了高校教师的授课视频外，还有面向社会公众提供科学、文化素质教育的视频公开课。

视频公开课作为一种公开的网络教学资源，不包括教学活动，大都以独立形式存在并且不提供学分和证书。但随着在线教育的不断发展，视频公开课在各类教育教学中也得到了应用，并以自主学习、嵌入式学习、混合式学习的模式进入教学环节。

（三）慕课

慕课（MOOC）是Massive Open Online Course的中文音译名，意为大规模

在线开放课程。慕课是为了增进知识传播，由具有分享和协作精神的个人或组织发布的、散布于互联网上的大规模在线开放课程。这些课程将遍布世界各地的授课者和学习者通过一个共同的话题或主题联系在一起，经过循序渐进的教学过程使学习者获得专门知识。慕课具有完整的"学、测、评、导"教学过程，且承认学分，提供各种不同的证书。

与传统教育的课程不同，慕课具有规模性、在线性和开放性。正常情况下一门较有影响力的慕课会吸引上万人参加，这种规模远不是传统教育能够相比的；慕课是完全网络化的教学方式，对于学习者而言没有任何限制，包括上课时间和上课空间，甚至学习进度都是由学习者自己确定的；慕课自出现就面向全世界开放，没有任何学习者资格限制。慕课的这些特点，使其被誉为"自印刷术发明以来教育最大的革新"，引领了在线教育对传统高等教育课堂的冲击。

慕课的发展时间极短，但是目前慕课的形式已经被广泛认可。在慕课的大框架下，按照教学模式的不同，主要有xMOOC、cMOOC及tMOOC三类慕课方式，各类的内容见表1-2。

表1-2　慕课的三种模式

模式	表现形式	相关内容	具体实例
xMOOC模式	与一般网络远程教学课程无异，以行为主义教学理论为基础，属于知识复制型	学习者通过观看教学视频学习内容，辅以在线测评、互动、同伴互助及相关练习	斯坦福大学最初的人工智能课程，属xMOOC的典型实例
cMOOC模式	学习者应用社交软件，围绕专题开展相关研讨，属于知识建构型	每1~2周探究一个专题，师生共同贡献思想，以建构主义、联通主义理论为指导	西蒙斯CCK08课程，属cMOOC的典型实例，围绕联通主义学习
tMOOC模式	基于学习任务的学习方式，学习者需要利用工具，完成相关的学习任务	学习者独立完成一些要求的任务，然后在网上提交作品，其间，教师仅起到指导的作用	针对IT教育课程和就业培训课程的达内科技在线学习平台TMOOC.CN

目前，国际的三大慕课平台Coursera、Udacity和edX的开放课程，主要采用xMOOC模式。国内绝大部分的在线教育机构也是采用同种模式，这种模式易于为大众所接受。

（四）微课

慕课和微课都是辅助学习者学习的网络资源，两者有相同的地方，但是并不属于同一层次类型。通俗地讲，如果慕课是某个菜系，微课就是某个菜系的一个菜。

微课的出现过程与慕课是一致的，两者在最初的表现形式上没有区别，随着慕课的发展，根据实际的需求而形成了微课。

"微课"是指以视频为主要载体，记录教学过程中围绕某个知识点而展开的相关教学活动。"微课"的核心组成部分是课堂知识的传授过程，在这个过程中所体现的与教学主题相关的教学设计、课件素材、练习测试、学习者反馈、教师点评、教学反思等辅助性教学资源也是微课的组成部分，它们与核心组成部分共同构成了微课。

需要注意的是，"微课"与传统单一资源类型的教学课例、教学课件、教学设计、教学反思等教学资源不同，但是微课的出现和发展又是建立在其基础上，融合互联网特色之后形成的一种新型教学资源。

微课的影响范围主要是在基础教育领域、高等教育领域和成人教育领域，与慕课有所不同的是，微课可以用于比赛，而且教育部也鼓励和组织微课比赛。

依据表现形式不同，微课可分为以下6种：

（1）微视频式，为常见的微课形式，短小精悍的视频课件。

（2）微网页式，使用纯文字或图文进行呈现，可微信推送。

（3）微动漫式，通过动漫形式表示抽象的知识，易于接受。

（4）微解答式，针对试题的解答，便于学习者反复观看。

（5）三分式，在原三分屏形式上进行缩短的微课形式。

（6）随录式，随时选取教师教学过程中的内容进行录制。

（五）翻转课堂

翻转课堂是指重新调整课堂内外的时间，将学习的决定权从教师转移给学习者。即让学生先学，教师在课堂上通过提问，了解学生在学习中的问题再进行教授。

翻转课堂使得教师不再占用大量的课堂时间来讲授理论知识，需要学习者在课下完成自主学习，学习者可以通过看视频讲座、听播客、阅读电子书等形式进行学习，还能在网络上与别的同学讨论，能在任何时候去查阅需要的材料。在课堂上，教师能有更多的时间与每位学生交流。在课下，学生能自主规划学习内容、学习节奏、学习风格和呈现知识的方式；教师则采用讲授法和协作法来满足学生的需要，促成他们的个性化学习，让学生通过实践获得更真实的学习。

互联网尤其是移动互联网催生翻转课堂模式，它彻底颠覆了传统课堂教学结构与教学流程，由此将引发教师角色、课程模式、管理模式等一系列变革。翻转课堂与混合式学习、探究性学习等教学方法和工具在含义上有所重叠，都是为了让学习更加灵活、主动，让学生的参与度更强。互联网时代，学生可以通过互联网学习丰富的在线课程，不一定要到学校接受教师讲授。

（六）泛在学习

泛在学习（U-Learning），顾名思义就是指无处不在的学习，每时每刻的沟通，是一种任何人可以在任何地方、任何时刻获取所需的任何信息的方式。

泛在学习利用信息技术，为学习者提供了一个可以在任何地方随时使用手边可以获取的工具来进行学习活动的4A（Anyone，Anytime，Anywhere，Anydevice）智能化学习环境。这个环境让学习者能充分获取学习信息，这与学习者到学校或图书馆进行学习，或通过网络获取学习信息有很大的差异。智能化环境让知识的获得、储存、编辑、表现、传授、创造等最优化，能最大限度地提高人们的创造性和问题解决能力。

泛在学习的目标就是创造让学习者随时随地、利用任何终端进行学习的教育环境，实现更有效的以学习者为中心的教育。在泛在学习环境中，学习者根据各自的需要在多样的空间、以多样的方式进行学习，即让所有的实际空间成为学习的空间。

二、在线教育的运营模式

在线教育是新的教育形态，其运营模式还处在探索阶段。在线教育运行过程中存在课程怎么建、教师从何来、学分怎么互认、平台如何建设运行等很多实际问题，这些问题是在线教育教学运行机制的重要问题，关系到在线教育以及平台的生死。

（一）在线课程资源建设模式

在线教育课程资源是在线教育的核心，是在线教育发展的重点和难点。在线教育课程资源，一般以自建和共建共享的形式，采用新建、整合、引进的方式进行建设。

1.国外在线课程资源建设与共享

国外的在线课程资源，主要由欧洲和北美洲的高校提供。其建设以高校为主、民间教育机构和技术公司为辅，主要采用在开放课程资源联盟的方式进行，并实行资源全球免费共享。建设经费以政府拨款为主、基金和经济团体支持为辅。建设质量评价采用每年评估的方式进行，且多渠道了解课程的反响和存在的问题，不断改进完善。国外各名牌高校都有自己的门户网站，有的还有自己的开放课程平台，课程资源建成后上传到网站或平台供全世界共享。

国外在线课程的设置，既有根据学科专业系统化设置的，又有慕课这类尚未系统化设置的。如英国开放大学注重通才教育，课程设置覆盖学历教育、非学历教育和职业教育，设立基础类课程、多学科交叉综合类课程和专业类课程。慕课课程尚未系统化，它的建设一般以"高标准"为原则，注重名校、名师效应，追求课程品质，树立品牌形象。

2.国内在线课程资源建设与使用

我国在线课程资源建设的主体主要为高校与国家开放大学、互联网公司及在线教育机构。高校（含高职高专）的在线课程资源建设，以国家的精品课程、精品视频公开课和精品资源共享课、在线开放课程建设为牵引，带动在线课程的建设和发展，分校级、省级、国家级三个层次，建设形成覆盖本科、研究生、高职高专和网络教育的各学科各专业在线课程体系。慕课出现后，部分著名高校采用自主运行机制建设慕课课程，即高校自行制定建设标准，提供资金及技术支持，开发自己的在线教育平台，积极鼓励自己的教师建设慕课课程。慕课课程建设涉及面广、投资大，单靠某个学校"独行侠"方式已不能满足建设的需要。目前，国内高校建立MOOC联盟，推行联盟共建、学校投建、教师自建的课程资源共建机制，共享课程平台、共享内容、共享形式的课程资源共享机制，实现在线课程的互通共享。

国家开放大学，面向全社会，以全民学习和终身学习为服务目标，在线课程资源更加强调实用性和多样性。为此，国家开放大学成立了数字化学习资源中心、全国设立近90个分中心，统筹学历教育、非学历教育在线课程资源的建设，结合采用会员制形式建设课程资源，向全社会开放学习资源，形成"共商、共建、共管、共享、共赢"的良好局面。学历教育在线课程建设涉及139个专业，目前通过大规模整合原有优质学习资源与新建课程相结合的方式建设课程，不断适应新的在线教学需要。非学历教育在线课程资源，以非统设课程、西部特色课程、三农特色课程建设为主，让农村和西部地区享有更多优质资源，为全国各地的社区教育、老年教育提供专业服务。

互联网公司与在线教育机构，是我国在线课程及平台建设的另一支主力军。如网易、腾讯、360、新东方、学大教育等互联网巨头和老牌教育培训机构，采用引进和自建的形式，为社会贡献了上万门在线课程。此外，各类行业和企业也建设了大量的在线教育课程，并为在线课程提供了丰富的实践案例。

（二）在线教育师资保障模式

在线教育师资是在线教育的关键，是在线教育质量保证的决定性因素。在线教育师资保障，主要分为直接与非直接参与教学的师资保障。

（1）直接参与教学师资的保障。授课教师，主要采用教育机构自有专职教师与兼职行业专家相结合的方式保障；助学教师，可采用专职教师、兼职教师与学习者相结合的方式保障；咨询人员，采用教育机构专职人员和兼职人员结合的方式保障。

（2）非直接参与教学师资的保障。课程开发摄录制人员、教学环境技术支持人员，可采用服务外包、外包与自主结合、完全自主的方式保障。

目前，在线教育教学中的教师已由过去的课程组向课程教学团队发展，即采用课程开发团队+学习服务团队的方式为在线教学提供保障。每个课程教学团队，一般由3～10名人员组成，除课程负责人、授课教师、助学教师、咨询人员等教学与学习支持服务人员外，还包括美工/媒体设计与制作、视频拍摄与编辑、音频采录与制作等课程开发人员，网络、在线教学设施设备和软件系统的技术支持人员。在线课程开发时，可成立一个临时性的课程开发项目组完成课程开发的工作；在线课程开发完成后，由学习服务团队完成网上教学和学习服务。

（三）在线教育学分认证模式

学分是学习者在线学习绩效的具体体现。学分认证是尊重学习者学习、激发学习动力、提升学习完成率的重要手段，也是在线教育教学管理的主要环节。

在线教育中，慕课等新的课程形式还处于发展的初级阶段，学分认证与转换还没有形成一套成熟的做法，教育界还在对学分认证模式、认证课程类型、学分互认等进行探索。此外，在线学习地域分散、时间不统一，与学分认证密切相关的各类考试的组织与管理也是一个难题。

1.国外在线教育学分认证模式

在美国，其第三方组织、高校与高校联盟、慕课组织等都在尝试推动在线学习的学分认证。美国教育咨询委员会等第三方组织，正在尝试对Coursera、Udacity、edX等平台上的课程进行评估，根据评估结果决定向其成员大学推荐哪些课程，建议成员大学给完成这些课程的学习者授以学分。美国高校正在尝试通过各种严格的考试或审核把关，让慕课学分转化为高校内部课程的学分。美国高校联盟，正在推行"学习伙伴计划"，致力于几十所公立大学之间在线课程的学分认证和学分互认。Coursera等慕课平台和组织，采用现场考试、在线考试、在线面试相结合的方式，创新身份识别和监考模式，从制度和技术等方面进一步提高慕课课程考试的可信度。美国在线学习学分认证的课程类型，既有学士、硕士学位课程，也有面向未来大学生的先修课程，还有单项的技能课程。

英国开放大学实施学分制和学分互换制，每门课程根据级别和学习量设定学分，并按照英国大学中广泛使用的学分累积与换算表的标准要求，与其他大学的学分进行互换。

2.国内在线教育学分认证模式

我国的国家开放大学采用学分银行模式，对在线学习的学分进行认定、积累和转换。学分银行是国家开放大学服务全民学习、终身学习的重要支撑。

国家开放大学的学分银行是将学习者的学习成果，以学分形式存入"银行"，当学分存到一定数额，并满足某个办证机构的标准要求后，就可以将学分兑换成该机构的证书的一种制度。它形成了一条学校与学校、学校与政府、学校与行业企业之间的纽带，打通了学历与非学历教育、常规与非常规教育之间的渠道。为实施学分银行制度，国家开放大学成立了专门的机构——学习成果认证中心及分中心，重点针对职业资格证书、岗位技能培训证书、学历教育证书之间的认证、积累和转换进行试点。证书形式多种多样，包括高等教育的、自学考试的、培训机构的证书，甚至还有奖励证书、专利证书等。

我国各高校在慕课等新课程形式的影响下，创新在线学习的学分认定和学分管理模式，以多种方式开展在线学习过程认定，以及在线学习、在线学习与课堂教学相结合的学分认定和学分转换，探索慕课等在线学习平台学分与校内学分的互认。目前，高校对在线学习的学分认证，已形成了课程证书认证、高校学分互认、内容许可认证和混合认证等几种模式。

课程证书认证，是通过课程证书来认定学分的模式，学习者自行通过开放的学习平台选课并学习课程，按课程要求完成学习并通过平台的考试后获得课程证书，高校根据课程证书的含金量，对学习者的学分进行认证。

高校学分互认，是目前高校中最普遍采用的在线课程学分认证模式。它基于高校联盟或大学教学共同体，通过公用课程平台和协作框架协议，将每个学校的优质在线课程，供所有联盟高校或共同体高校的学生选修，并承认学分。

内容许可认证，是高校通过购买校外或第三方机构的在线课程使用权，并把这些课程纳入高校的课程体系，明确课程的学分，由学生自由选择学习，学习考核通过，可获得对应课程的学分。这种学分的认证模式，主要应用在学校的通识教育课程或受益面广的公共课程。

混合认证学分，就是采用混合教学模式，将在线课程融入课程的课堂教学中，由课程任课教师结合教学要求和标准来确定学生修学该课程的学分。

值得注意的是，近年来越来越多的高校、行业、企业开始承认在线学习的学分。如北京大学、清华大学承认本校教师开设的慕课课程学分；武汉某学院承认"中国大学MOOC"平台上的所有课程；上海交大"好大学在线"平台与IBM联合推出的大数据在线课程，提供课程完成电子证书和IBM徽章，若能获得10枚以上IBM徽章就可能得到IBM研究院抛来的橄榄枝。

（四）在线教育平台建设运行模式

在线教育平台是在线教育的基础，做好在线教育平台的建设运行管理，充分发挥平台的服务保障作用是十分重要的。

1.国外在线教育平台建设运行模式

目前，国外著名的在线教育平台大多先由大学教授创立，全球高校加入，而后为适应平台的快速发展成立相应的公司/组织进行运行管理。

如Courscra平台，是全世界最大的慕课平台，2012年由斯坦福大学的两位教授创立，并在极短的时间内快速发展，以高品质课程内容提供的核心优势，吸引了世界各地上百所著名高校甚至博物馆加入，注册学习人数达几百万。之后，为应对发展需要和投资者的需要，成立营利性教育科技公司，负责Coursera平台的运行管理。Coursera平台采用投资者和在线教育产业培育机制、高校和课程建设协作机制、服务提供商和学习支持服务创新机制，向世界各地的人们免费提供高质量的课程资源，并以学历认证、收费考试、职业服务、信息服务等作为利益增长点。

技术方面，Coursera平台建立了包含交互性视频短片录制系统、智能化作业系统、网上讨论系统等在内的学习服务管理系统，并对合作学校的教师开放；设计了同学互评机制、建立了互评系统，教师根据课程特点建立作业评价指标，学习者在规定时间内提交作业，与其他学习者完成作业互评；建立了讨论区，学习者、教师可以在该区提问、发言、解答/相互解答问题。

英国开放大学的Futurelearn平台，由下属公司建设运行管理。该平台2013年9月上线，联合了20多所英国一流大学和英国国家图书馆、博物馆、文化协会等，进一步推进了英国高等教育的网络化和国际化发展。Futurelearn平台建设时，借鉴了美国经验，并凭借开放大学多年来积累的丰富教育技术和教学管理经验，建立了具有自己特色的平台，平台更加强调社交功能和终端可移动性。

可汗学院是独具特色的在线教育平台，该平台由麻省理工学院可汗老师个人创建和营运，课程基本上是可汗老师个人采用电子黑板授课的视频，没有精良的画面，但十分受欢迎。

2.国内在线教育平台建设运行模式

我国在线教育平台建设运行，借鉴国际先进经验，坚持以公益性服务为基础，坚持立足自主、应用共享、规范管理的原则，聚集优势力量和优质资源，采用高校为主体、政府支持、社会参与的方式，统筹建设在线开放课程和公共服务平台。

国内在线教育平台主要分为政府主导建设、高校自主建设、教育机构建设、互联网企业建设几类，基本采用谁建设、谁运行的方式运营管理。

政府主导建设，如"爱课程"平台是在教育部、财政部支持下建设的高等教育课程资源共享平台，由高等教育出版社与网易公司共同建设，高等教育出版社负责平台的运行、维护与管理，承接教育部精品开放课程服务，为全社会提供免费的优质高等教育课程资源。

高校自主建设，如"学堂在线"平台，由清华大学在edX平台基础上构建的本土化在线教育平台，后成立清华大学控股的北京慕华信息科技有限公司，负责平台的运行和管理。"学堂在线"平台是教育部在线教育研究中心的研究交流与成果应用平台、全国工程专业学位研究生教育指导委员会的工程硕士在线课程学习平台、联合国教科文组织国际工程教育中心的在线教育平台、军事职业教育互联网服务平台。"好大学在线"平台，是由上海交通大学牵头，联合北京大学、清华大学、复旦大学、浙江大学、南京大学、中国科技大学、哈尔滨工业大学、西安交通大学等部分985高校共同建设，由上海交通大学负责运行和管理。"国家开放大学"学习平台，是由国家开放大学自主建设和管理，采用大学、行业、企业、城市支持联盟的方式运行。

教育培训机构建设，如"新东方"在线平台，是由老牌综合教育培训机构新东方集团建立和管理，依托新东方强大的师资力量与教学资源运行。

互联网企业，如"腾讯课堂"平台、"网易云课堂"平台，分别由腾讯公司、网易公司建设、管理和运行。

（五）在线教育的商业模式

商业模式是在线教育领域发展最充分，也是最成功的模式。充分认识在线教育的商业模式，有利于在线教育的健康发展。

简单地说，商业模式就是通过什么途径和方式赚钱。"互联网+"背景下的商业模式主要有B2B、B2C、C2B、C2C、B2B2C等模式。作为"互联网+"的产物，在线教育的商业模式可分为：B2B型、B2C型、C2B型、C2C型、B2B2C型和其他模式。

1.B2B型在线教育模式

B2B型在线教育模式是指在线教育行业中，企业对企业之间的营销模式。

B2B型在线教育模式，主要为在线教育企业/机构向政府、学校、企业、团体提供在线教育服务的模式。如在线企业大学，是在线教育机构将研发的课程、平台和服务提供给企业客户，企业客户利用课程、平台或服务，建立在线教育体系进行教学和培训；在线教育机构、企业客户，对学费、课程收益进行分成。

互联网企业为教育培训机构提供在线教育广告和增值服务，也属B2B型模式。如百度、阿里巴巴、腾讯、360、网易、新浪、搜狐等门户网站，拥有巨大的用户量，花钱购买搜索引擎关键词、门户流量和浏览信息，并将门户网站的部分用户转化为教育培训机构的付费用户，对教育培训机构来说是十分有益的一种方式，这种模式已经成为教育培训行业的通行模式。此外，教育培训机构对付费用户的收费非常高，从人均数百元到数千元不等，因此巨大的回报是互联网企业重视教育行业、愿意投入巨大资金的重要原因。

2015年9月，好未来教育集团发布的《中国在线教育行业图谱》一文指出，2013年至2014年，中国对在线教育的投资增长率是美国的77倍，其中B2B模式有望成为下一个发展突破点。

2.B2C型在线教育模式

B2C型在线教育模式是指在线教育企业/机构，通过互联网建造教育平台，提供优秀的教育资源，并以付费的方式提供学习内容。学习者通过平台进行网上支付，获得相关的教育培训服务。

B2C模式一般面向技能培训、语言培训、基础教育等，因为具有海量的用户数，上亿的市场容量，所以容易吸引大量资金投入。该模式投资周期短、投入小、目的性强，学习者付费的可能性大，因此成为目前商业化程度最高的模式。

采用B2C模式的企业和平台很多，如沪江网、爱考拉、学而思在线、51Talk、VIPABC等。随着互联网免费思维的广泛传播，越来越多的在线教育项目通过免费服务来获取大量用户。因此，B2C模式在线教育向个人用户收费越来越困难、盈利也变得越来越难。

3.C2B型在线教育模式

C2B型在线教育模式通常是学习者先有某方面的知识需要，在线教育机构了解之后为其提供相应的教学服务，是一种个性化的定制服务模式，是互联网经济时代新的在线教育商业模式。

C2B型在线教育模式存在一种消费者对企业的关系，应该是先有消费者需求而后有企业生产，即先有消费者提出需求，后有生产企业按需求组织生产。

目前，这种定制模式存在很大的随意性，但是从学习者角度而言，这种模式应该是未来的发展趋势之一。

C2B型在线教育模式，主要有以下3种形式：

（1）定制服务形式。在线教育机构通过各种方式，全面地了解学习者的整体要求，同时通过平台中学习者的信息了解到每位学习者的需求，从而提供个性化定制的教学服务。

（2）"一对一"服务形式。教育行业早就存在的"一对一"服务，主要集中在外语学习领域。C2B模式会促进在线"一对一"模式的形成和发展，同时与线下的"一对一"服务形成完整的学习环。对于学习者而言，就能够更容易地通过网络学习到想要的知识。

（3）随时调整形式。C2B型在线教育模式，具有很强的可调控性，无论是线上教育还是线下教育的课程都采取预售的模式，学习者只能了解课程的大概内容，无法了解课程的详细内容，这就方便平台管理者根据实际情况随时调整。

4.C2C型在线教育模式

C2C型在线教育模式是指个人对个人的一种关系，同样属于互联网经济时代的商业模式。

可汗学院和多贝网都属于C2C型在线教育模式。其中，可汗学院的意义对整个在线教育行业影响相当大。这类教育网站的规模很容易扩大，但提供的资源和服务有限。

除了可汗学院这样的个人C2C型平台外，目前也有机构提供C2C型平台供教师和学习者选择，其特征是在线教育机构搭建在线教学和交易平台，绕开传统的教育培训机构，使教师和学习者可以直接通过网络平台进行教学与学习，平台只收取一定的手续费。这种模式使从事在线教育教师的收入水平，远超传统培训机构教师的收入。

还有一种就是B2C与C2C相结合，个人提供一部分优质的内容，放在平台中，让这部分内容带动C2C内容收费。

C2C型在线教育模式主要是个人对个人，在发展前景上有限。纯平台C2C型教育网站，如果没有足够的高质量教育资源，会导致没有足够的愿意付费用户。因此短期内不可能形成商业规模。

5.B2B2C型在线教育模式

B2B2C型在线教育模式是在线教育的主流模式，通过机构合作、教师与个人入驻的形式，向学习者提供在线学习资源。

目前，较有影响力的B2B2C型平台，有网易云课堂、腾讯教育、YY教育、51CTO等。国内B2B2C型的创业项目总数达46个，平均投资金额达700万美元。

6.其他在线教育模式

除了以上5种明确的商业模式之外，国内的在线教育市场还存在一些其他的商业模式，如MOOC模式、O2O模式，以及B2C与C2C等不同模式的融合。

MOOC模式是机构建立平台和优质课程资源，学习者免费学习、付费获取证书。MOOC模式的盈利主要来自学习者的付费和组织/个人的资助等。O2O模式是原传统教育培训机构开展在线教育，或者原在线教育机构开展线下业务等，其盈利模式还尚未定型。

根据好未来教育集团发布的《中国在线教育行业图谱》显示，其他类型的在线教育模式创业项目总数达到近250个，平均投资金额达253万美元。

在线教育机构的发展离不开融资，各种商业模式中B2C型的融资环境最为成熟，C2C型则是刚刚起步。对于初创企业而言，如果要进入在线教育领域，需要确定自身的商业模式类型，才能够持续发展。

第二章 在线教育的教学设计

第一节 在线教育教学设计的理论基础与原则

教学设计，是指在一定教学理论和学习理论指导下，运用系统方法对教学目标、教学内容、教学实施和教学环境进行统筹计划的过程，其内涵非常广泛。教学设计的主要工作包括：以提高人才培养质量为目标，通过综合分析教学系统和学习者需要，确立教学目标和教学起点，优选和加工教学内容，科学规划教学各个环节，合理分配教学力量，制定和编写教学方案，设计教学内容呈现方式和教学互动方法，规划落实教学所需条件，进行试讲试教试用等，以期取得最佳教学效果。传统的教学设计一般分为学科专业设计、课程教学设计、课堂教学设计三个层次。在线教育教学设计，不但包括宏观层面的设计，即对在线教育系统的整体设计，同样包括微观层面的设计，如课程、专题以及教学片段（单元、知识点）的设计，以及在线教育实施后的评价设计等，因此，它贯穿于在线教育设计、开发、实施、评价等各阶段。优化教学设计是搞好在线教育教学工作的重要内容，也是提高在线教育人才培养质量的重要保证。

一、在线教育教学设计的理论基础

如何开展教学设计，理论界已形成了一些理论模型。其中最基本的理论模型是ADDIE模型。以ADDIE模型为基础，又形成了SAM模型、ISD模型、HPT模型等基本模型。这些模型，对于在线教育教学设计，也具有较强的参考意义。下面重点介绍ADDIE模型和SAM模型。

（一）ADDIE模型

ADDIE模型的全称，是Analysis（分析）、Design（设计）、Development（开发）、Implementation（实施）、Evaluation（评估）。当前，大多数的教育设计模型均为其副产品或变异塑造而成。

ADDIE是一套系统的教学方法。主要包含了：要学什么（学习目标的制定）、如何去学（学习策略的运用）、如何判断学习者已到达学习成效（学习评价的实施）。在ADDIE五个阶段中，分析与设计是前提，开发与实施是核心，评估为保证，三者互为联系，密不可分。

ADDIE模型各构成要素含义如下：

Analysis（分析）：对教学任务、对象、环境及所要达到的行为目标、绩效目标等进行的一系列的分析。具体包括：

（1）确定需要，即要利用教学来解决的问题；

（2）进行教学分析以确定教程的认知、情感与动作技能方面的目的；

（3）确定期望学习者需要具备的技能以及哪些技能会影响对教程的学习（起点技能与动机特征）；

（4）分析可利用的时间以及在这段时间内可以实现多少目的，同时还可以进行情境或资源分析（资源和限制条件）。

Design（设计）：对将要进行的教学活动进行课程设计。例如对知识或技能进行甄别、分类，对不同类型的知识和技能采取不同的、相应的处理措施，使其能够符合学习者的特点，并能够通过相应的活动使其从短期记忆转化成为长期记忆等。同时，在本阶段中还应当针对撰写出来的学习目标进行验证，并设计出相应的评估学习效果策略和手段。具体包括：

（1）把课程目的转换成表现性的结果与主要目标（单元目标）；

（2）确定所涵盖的教学主题或单元以及用于每一个主题或单元上的时间；

（3）依据课程目标安排单元顺序；

（4）充实教学单元，确定每一个单元所要达到的主要目标；

（5）确定每一个单元的内容与学习活动；

（6）开发出评价已学习内容的具体标准。

Development（开发）：针对已经设计好的课程框架、评估手段等，进行相应的课程内容撰写、页面设计、测试等。具体包括：

（1）确定学习活动与材料类型；

（2）起草学习材料或学习活动；

（3）在目标学习者中进行材料和活动的试用；

（4）修改、精练生产材料与活动；

（5）开发教师培训或附加材料。

Implementation（实施）：对已经开发的课程进行教学实施，同时给予实施支持。具体包括：

（1）购买材料以便为教师和学习者采用；

（2）在必要的时候提供帮助与支持；

（3）按照计划实施授课及教学管理等活动。

Evaluation（评估）：对已经完成的教学课程及学习者学习效果进行评估。评估的目的不仅是对课程内容本身的合理性进行评估，更要对培训的效果和绩效的改善进行评估、寻找差距、积极改进。具体包括：

（1）实施学习者评价计划；

（2）实施教学评价计划；

（3）实施课程维护与修改计划。

不难看出，ADDIE模型融合了教学设计和教学实施（当然也包括课程开发）全部环节。需求确认阶段，在课程开发目标的确认上，ADDIE强调"知道"，更多的是信息的传递。在需求确认上，ADDIE在需求分析阶段运用问卷、访谈、电话等形式去了解对象、组织、课程的各方面需求，由课程开发人员汇总提炼并设计课程开发方案，这种形式需要长期进行，要求课程开发者具有极高的专业度和归纳总结能力。同时，ADDIE强调"确认需求"，不同的角色站在不同的角度会表达出不同的需求，需要采用专家开发技术。

设计开发阶段，在开发流程上，ADDIE必须逐步进行，本质上更加注重系统、严谨、逻辑、翔实、周全；在开发思路上，ADDIE在内容设计上的思想是"加法"，课程需要做大量前置内容的设计，包括概念、原理、流程、案例、工具、练习等；对于成果评估，ADDIE专门有一个环节在最后验收评估，即评估阶段（Evaluation）。成果评估的重点应放在课程内容的知识、技能和态度上。

ADDIE模型在实际应用中也存在很多的问题。如由于开发流程烦琐、耗费时间较长，等到工作完成时，外部环境条件可能都已发生了巨大变化；开发出来的课程往往较为全面，开发者较少考虑学习者的学习需求和体验感受；在实际操作中运用ADDIE模型开发课程时经常面临"懂开发技术的人不懂专业，懂专业知识的人不懂开发技术"的问题，课程质量往往不高等。为解决这一系列的问题，在ADDIE的基础上衍生出了很多的模型，应用最为广泛的首推SAM敏捷迭代模型。

（二）SAM敏捷迭代模型

SAM模型是应用最为广泛的ADDIE衍生模型。SAM模型称为持续性逼近开发模型，也称敏捷迭代模型，强调的是将课程拆分为碎片来开发课程，从课程设计之初就快速获取用户反馈，并最终接近最佳课程设计标准。

从模型的特性看，SAM是迭代模型，多次循环。从操作的灵活性看，SAM模式在后面发生错误或未达到预期，可以直接返回上一步的设计阶段重新迭代测试。从复杂程度看，SAM模型只有3个阶段8个步骤，显得轻便简洁。

需求确认阶段，对于开发目标，SAM强调"做到"和"做好"，更关注实际问题的解决。在需求确认上，SAM采用召开认知启动会的形式，认知启动小组除了绩效把控者、内容专家、预算把控者、项目经理、样图师外，还有管理者、目标学习者与近期参加过培训的学员。在设计课程架构和内容时，所有可能出现的争议都通过现场面对面的方式解决，高效利用时间的同时满足了各方面的需求。在确认方式上，SAM在这个阶段运用的是样图技术和团队开发，需求调研包括需求、目标、草图、开发计划，由技术专家、学习者、管理者共同开发。团队开发技术使得课程开发的风险更低，流程更简单，结果更有效。

　　课程开发阶段，在设计开发流程上，SAM技术是极致的循环迭代式流程，其本质注重敏捷、迭代、简单、高效。设计开发思路上，SAM的思想是"减法"，让工序尽量减少，直接解决实际工作问题。

　　成果评估阶段，从评估过程来讲，SAM从开始阶段就进行迭代，反复评估，从松散的、笼统式到标准设计的首次结构化，不断修正课程成果，反而减少了成果交付时的评估工作。从评估内容来看，SAM的成果评估重点不是内容元素或互动细节的完整性，而更关注活动是否有效。在开发时间上，SAM仅用一到两周便能很快适应市场变化的需要。在学习体验上，SAM敏捷迭代课程开发技术更关注学习者的学习体验，从一开始就致力于如何将真实场景融入课程设计中，从而使课程更贴近实际工作，更有效地帮助学习者改善工作。SAM运用分解技术，通过不同角色的多次迭代，同时通过交叉迭代的方式萃取沉淀的经验，能充分提高课程质量。

二、在线教育教学设计的基本要素

　　在线教育教学系统是一个由教师、教学目标、教学内容、教学媒体与方法以及学习者等众多要素组成的复杂系统。要使教学取得良好的效果，必须综合考虑系统的各个要素，做出全面、科学的教学策划，即进行周密的教学设计。所以，在线教育教学设计实质上是以传播理论、学习理论和信息技术为基础，应用系统理论的观点和方法，分析学习者需求，确定教学目标，建立解决问题的步骤，选择恰当的教学内容和教学资源并设计成适当的计算机网络媒体呈现给学习者，从而使学习者易于接受、乐于接受所设定的知识内容。在此基础上，分析、评价教学效果，调整、优化各环节，如此循环往复、螺旋上升，最终实现教学效果的最佳化。

　　依据传统的教学设计要素，结合在线教育的基本特点，在线教育教学设计可以划分为教学目标、教学需求、教学内容、教学策略和教学评价这五大基本要素，只不过在要素具体构成上，在线教育教学设计与传统教学设计略有差别。这是因为，无论是传统教学设计，还是在线教育教学设计，其本质都是将教学成效建立在教学工作的规范化、程序化、技术化、艺术化等基础上，是对教学内容加以创造性的整合，是"科学与艺术的结合体"。

（一）教学目标

教学目标是教学设计对学习者应当取得的学习成果和达到最终行为目标的明确阐述。包括教育成才目标、课程目标、课堂教学目标三个层次。其中，教育成才目标层次最高，常常称为教育目标。教学目标为每一门课程、每一个教学单元或每一节课教学活动的行为规定了明确的方向。明确的教学目标可以告诉学习者需要学习的内容和要求，使之成为学习者自己的学习目标，从而激发他们的学习动机和求知欲望，增强他们的学习积极性；同时，也能帮助在线教育设计者较好地组织教学内容，确定正确的教学策略，选择合适的教学媒体，还可以为学习者的学习评价提供有效的依据。所以教学设计把教学目标的阐明放在极其重要的位置。

20世纪50年代，美国著名教育学家布鲁姆等人将教学目标划分为三个领域（维度），即认知领域、情感领域和动作技能领域，这一划分方法得到广泛认可。当前，我国教育界将教学目标细化为知识与技能目标、过程与方法目标、情感态度与价值观目标，实质上也是源于上述划分方法。

1.认知领域目标

根据学生掌握知识和技能的深度，认知领域的目标由低到高共分为六级：

（1）知识。指对先前学习过的材料的记忆。包括具体事实、方法、过程、理论等的回忆。这是较低水平的认知学习结果。

（2）领会。指能把握材料的意义。其具体含义可从下列三个方面加以理解：一是转换，即用自己的话或用与原来不同的表达方式来表达自己的思想；二是解释，即能够对某项信息加以说明或概括概述；三是推断，即能够依据材料估计将来的趋势或预期的后果。显然，领会超越了单纯的记忆，代表着较低水平的理解。

（3）运用。指能将习得的材料应用于新的具体情境，包括概念、规则、方法、规律和理论的运用。运用代表了较高水平的理解。

（4）分析。指能将整体材料分解成它的构成成分并理解组织结构，包括部分的鉴别，分析部分之间的关系和认识其中的组织原理。分析代表了比运用更高的智能水平，因为它既要理解材料的内容，又要理解其结构。

（5）综合。指能将部分组成新的整体。例如，发表一篇内容独特的演说或文章，拟定一项操作计划或概括出一套抽象关系。综合强调的是创造能力，需要产生新的模式或结构。

（6）评价。指能对材料作出价值判断。包括按材料内在的标准（如组织）或外在的标准（如目的适当性）进行价值判断。这是最高水平的认知学习结果，因为它要求超越原先的学习内容，并需要基于明确标准的价值判断。

2.情感领域目标

情感领域教学目标的分类依据是价值内化的程度。这一领域的目标由低到高共分五级：（1）接受（注意）。指学习者愿意注意特殊的现象或刺激（如课堂活动、教科书、文体活动等）。从教的方面来看，其任务是指引和维持学生的注意。学习结果包括从意识到事物存在的简单注意到学生的选择性注意。它是低级的价值内化水平。

（2）反应。指学习者主动参与。处在这一水平的学习者，不仅注意某种现象，而且以某种方式对它做出反应（如自愿阅读规定范围外的材料），以及反应的满足（如以愉快的心情阅读），这类目标与教师通常所说的"兴趣"类似，强调对特殊活动的选择与满足。

（3）价值化。指学习者将特殊的对象、现象或行为与一定的价值标准相联系。包括接受某种价值标准（如愿意改进与团体交往的技能），偏爱某种价值标准和为某种价值标准做奉献（如为发挥集体的有效作用而承担义务）。这一阶段的学习结果所涉及行为的一致性和稳定性使得这种价值标准清晰可辨。价值化与教师通常所说的"态度"和"欣赏"类似。

（4）组织。指将许多不同的价值标准组合在一起，克服它们之间的矛盾、冲突，并开始建立内在一致的价值体系。重点是将许多价值标准进行比较、关联和系统化。学习的结果可能涉及某一价值系统的组织。与人生哲学有关的教学目标属于这一级水平。

（5）价值与价值体系的性格化。指个人具有长时期控制自己的行为以至发展了性格化"生活方式"的价值体系。其行为是普遍的、一致的和可以预期的。这一水平的学习结果包括范围广泛的活动，但强调学习者行为的典型性和性格化。这一阶段的教学目标注重学生的一般适应模式（包括个人的、社会的和情绪的）。

3.动作技能领域目标

动作技能领域的教育目标分类较多，但截至目前，尚无公认的最好分类。这里介绍具有一定代表性的辛普森（E.H.Simpson）等人于1972年的分类。该分类将动作技能教育目标分成七级：

（1）知觉。指运用感官获得信息以指导动作。

（2）定向。指对稳定的活动的准备，包括心理定向（心理准备）、生理定向（生理准备）和情绪准备（愿意活动）。知觉是定向的先决条件。

（3）有指导的反应。指复杂动作技能学习的早期阶段，包括模仿和尝试错误。通过教师或一套适当标准可判断操作的适当性。

（4）机械动作。指学习者的反应已成为习惯，能以某种熟练和自信水平完成动作。这一阶段的学习结果涉及各种形式的操作技能，但动作模式并不复杂。

（5）复杂的外显反应。指包含复杂动作模式的熟练动作操作。操作的熟练性以迅速、精确和轻松为指标。

（6）适应。指技能的高度发展水平。学生能修正自己的动作模式以适应特殊的装置或满足具体情境的需要。

（7）创新。指创造新的动作模式以适合具体情境，强调以高度发展的技能为基础的创造能力。

（二）教学需求

教学需求是指学习者的学习需求。教学需求分析的目的，是通过对学习者特征的分析，明确学习者的实际情况与期望水平，如起点能力、认知结构、认知风格、学习动机等，有针对性地选择和安排相应的课程、单元及课时教学内容，实现教学内容的"有的放矢"，解决"为什么""学什么"和"教什么"的问题。简单地说，教学需求分析，是要考察学习者在学习之前已经具备什么知识和技能、想学习哪些知识和技能以及通过学习要达到什么目标等，以对学习者的初始能力和其与期望水平之间的差距有一个客观的评定，从而了解学习者的一般特征和对所学内容的兴趣和态度。教学设计，其实就是要在"学习者—目标—策略"之间寻求最佳匹配。

学习者特征既有共同性又有差异性。共性特征可以为在线教育通用化设计提供指导，差异性特征则为在线教育个别化教学提供指导，两者必不可少。同年龄段的学习者心理特征、认知水平、思维特征有一定的共同性；生活在同样社会或具有同一家庭背景的学习者，心理和认知有一定的共同倾向性。同年龄段的学习者认知结构、学习风格、学习动力会存在一定差别，不同生活环境也会造成个性特征的差异。

教学需求分析通常分为四步。第一步是规划。它包括确定分析对象、选择分析方法（如内部参照法或外部参照法）、确定收集数据的技术（包括问卷、评估量表、面谈、小组会议及案卷查寻）、选择参与学习需求分析的人员。这一阶段主要目的是搞清楚情况，为下一步做准备。第二步是收集数据。收集数据不可避免地要考虑样本的大小和结构。样本必须是每一类对象中具有代表性的个体。此外，收集数据还应包括日程的安排以及分发、收集问卷等工作。第三步是分析数据。对收集到的数据，教学设计者必须进行分析，并根据经济价值、影响、某种顺序量表、呈现的频数、时间顺序等对分析的结果予以优化选择和排列。分析数据是教学需求分析的核心环节，可以解释有什么问题，继而为采取正确的措施奠定基础。第四步是写出分析报告。分析报告应该包括四个部分：研究目的、分析过程和分析参与者、分析结果、建议。

在分析教学需求时，需要注意下列问题：一是学习需求是指学习者的需要（即学习者的现状与期望之间存在的差距），而不是教师的需要，更不是对教学过程、手段的具体需要；二是获得的数据必须真实、可靠地反映学习者和有关人员的情况，它包括现在和将来应该达到的状况，切忌仅凭主观想象或感觉来处理学习需求问题；三是注意对参加学习需求分析的所有合作者（包括学习者、教育者、社会人士三方面）的价值观念进行协调，以取得对期望值和差距尽可能接近的看法。否则我们得到的数据将会无效；四是要以学习行为结果来描述差距，而不是用过程（手段），要避免在确定问题之前就急于去寻找解决的方案；五是教学需求分析是一个永无止境的过程，所以在实践中要经常对学习需求的有效性提出疑问和进行检验。

（三）教学内容

教学内容，是指教学过程中师生发生交互作用、服务于教学目的达成动态生成的素材及信息，是学与教相互作用过程中有意传递的主要信息。按照学习者的智力活动特点，可分为事实、概念、技能、原理和解决问题等五类。事实是指历史上或社会上已知的、发生或发现了的事情、事件或者通过试验展现出的过程和结果。概念是指表征事物、物质属性以及名称的名词，反映的是客观事物的一般的、本质的特征。人类在认识过程中，把所感觉到的事物的共同特点抽出来，加以概括，就成为概念。比如从白雪、白马、白纸等事物里抽出它们的共同特点，就得出"白"的概念。技能是指一系列动作的连锁化（语言+智力+手工+机械操作+综合）。原理指把若干个概念组合在一起，用来陈述事物的因果关系和规律。解决问题，是指发现问题、提出假说、收集事实、作出解释论证的程序与方法。如实验方法、数学方法等。

（四）教学策略

教学策略，是对完成特定教学目标而采取的教学活动程序、方法、形式和媒体等因素的总体考虑。任何一项教学活动的开展都离不开教学策略，在线教育也是如此。恰当的教学策略是有效达成教学目标的重要保障。在在线教育课程设计中，策略选择是核心环节，能够直接体现出教师的教育理念、教学技巧乃至教学智慧和创意。因此，教学策略的确定，也是在线教育课程开发的重中之重。

传统教学策略包括三类：组织策略、传递策略和管理策略。教学组织策略是指如何组织教学过程、安排教学顺序，以及如何呈现特定的教学内容，具体来说就是怎样来安排教学顺序和教学活动，包括呈现策略和结构策略。教学传递策略涉及要使用的教学媒体、教学方法和学习者的分组，具体说就是教学媒体、教学方法的选择和教学组织形式的合理选用。教学管理策略是将组织策略和传递策略协调起来的策略。管理策略考虑的是在教学过程中如何运用组织策略和传递策略来实现特定的教学目标，包括时间安排与组织、教学资源分配等。

在线教育的教学策略和传统教学的教学策略是分不开的，不能因为我们讲在线教育教学，就要彻底抛弃传统的教学策略。事实上，传统教学策略的精华完全可以在在线教育教学中借鉴使用。如呈现策略，教师在传统教学中采用书本呈现或课堂呈现，而在线教育要通过网络来呈现，同时还需要教师掌握相应的呈现策略，只不过这种呈现借用了现代技术和媒体，需要教师结合网络的特性来选择最佳方式呈现教学内容。还有，网络教学中同样需要相应的传递策略和管理策略，但已经不是传统意义上的含义了。由于网络的介入，教学环境有了很大的不同，教师在传递和管理教学时需要充分考虑这些因素。当然，网络作为一种新生事物，毕竟具有其特殊的属性，传统教学过程所采用的教学策略相当一部分在网络教学中已经不再适用，网上教学是一种新型的教学形式，教师需要掌握一些新的教学策略，才能在网络教学中游刃有余。

（五）教学评价

教学评价，是指依据教学目标对教学过程及结果进行价值判断并为教学决策服务的活动，是对教学活动现实的或潜在的价值作出判断的过程。教学评价是促进教学质量提高的重要手段，是教学设计需要考虑的重要环节。教学评价一般包括对教学过程中教师、学习者、教学内容、教学策略、教学环境、教学管理诸因素的评价，但主要是对学习者学习效果的评价和教师教学工作过程的评价。其核心环节有两个：一是对教师教学工作（教学设计、组织实施等）的评价，二是对学习者学习效果的评价。在线教育教学评价，除上述核心环节外，通常还应包括教学策略、特别是教学呈现方式效果的评价。

三、在线教育教学设计的基本原则

原则是行事所依据的准则。在线教育教学设计，需要遵循教学设计的一般性原则，同时还要结合在线教育教学的自身特点，遵循针对性原则。

1.系统性原则

教学设计是一项系统工程，它是由教学目标和教学对象的分析、教学内容和方法的选择以及教学评估等子系统所组成，各子系统既相对独立，又相互依存、相互制约，组成一个有机的整体。在诸子系统中，各子系统的功能并不等价，其中教学目标起指导其他子系统的作用。同时，教学设计应立足于整体，每个子系统应与整个教学系统相协调，做到整体与部分有机的统一，最终达到教学系统的整体优化。

2.程序性原则

教学设计是一项系统工程，诸子系统的排列组合具有程序性特点，即诸子系统有序地成等级结构排列，且前一子系统制约、影响着后一子系统，而后一子系统依存并制约着前一子系统。根据教学设计的程序性特点，教学设计中应体现出其程序的规定性及联系性，确保教学设计的科学性。

3.可行性原则

教学设计要成为现实，必须具备两个可行性条件。一是符合主客观条件。主观条件应考虑学习者的年龄特点、已有知识基础和师资水平。如考虑选择这门课程的多数学习者是否具有网上学习的习惯与可能，是否能够熟练操作计算机，教师是否具有较高的信息技术水平等；客观条件应考虑教学设备、地区差异等因素。如考虑学习者所在地的网络带宽能否支持视频文件的流畅播放等。二是具有可操作性。教学设计提出的目标、思路、原则、步骤、方法等不应该是空头理论或抽象描述，而应该具体、符合实际，能够指导在线教育课程开发、教学实施和评价等实践活动。

4.反馈性原则

教学设计科学与否，要通过教学评价来反馈和证明。反馈信息对在线教育教学设计具有重要的调节作用。信息工程学表明，只有通过反馈信息来调节行为，才有可能达到一定的目标。通过教学评价反馈的信息，在线教育设计者和在线教育教师能够明确教学目标的实现程度，了解自己的设计思路、教学方法和教学实施过程中的不足，诊断出学习者在学习上存在的问题与困难，从而为改进教学设计提供依据。

5.针对性原则

在在线教育教学设计中，"以学习者为中心"是一个不可动摇的原则。以微课为例，微课以视频为载体，以网络为传播途径，是一种提供给学习者自主观看、自主学习的数字化教学资源。其用途大致可以分为三类：一是用于传统课堂教学的补充，供学习者课外复习，查缺补漏；二是起教授新知的作用；三是用于拓展教学，满足学习者个性化的学习需求。

无论出于何种使用目的，都需要明确：第一，在线课程的使用对象是学生，不是教师；第二，在线课程的主要使用时间是课外，不是课内；第三，在线课程的使用地点一般在家里、宿舍，不是教室。因此，学生看不看、看多久，教师无法直接监控。作为一种提供给学生自主学习的网络资源，在线课程要想达到理想的使用效果，需要满足两个基本条件：有用和有趣，否则无法有效维持学生的注意力。所以，在线教育课程设计的核心原则必须是以学生为中心。偏离这个中心，在线教育课程就很可能重复"建设—闲置—浪费"的命运。

在在线教育课程设计中，"以学习者为中心"有三层含义：

（1）在视听传播的设计上，要站在学生的角度制作媒体

受传统教学模式的影响，很多教师在制作在线教育课程时会习惯性地站在自己的角度看问题，没有认真分析一下：学生需要看到什么？学生需要听到什么？没有充分考虑学生的学习需求和视听感受。

首先，从内容上看，学生在在线教育课程中最需要得到的信息是知识、技能本身，他不需要看到完整的教学活动过程。因此，一些非教学内容的因素和环节，如教师个人形象、课堂提问、小组讨论乃至学习竞赛等传统课堂教学环节，是完全可以省略的。另外，在线教育课程不是课堂录像的微缩版，更不是传统意义上的公开课、示范课。因此，在线教育课程不需要过多地展示教学活动过程，而应重点展示教学内容本身。

其次，在画面和声音的制作方面，要学会用学生的视角看画面，用学生的耳朵听声音。比如，在拍摄实验操作、乐器弹奏、手工制作、运动技巧等内容的镜头时，一定要从方便学生观察、模仿、学习的角度拍摄，顺着学生的视角采用俯拍、同侧拍等方式制作画面。画面要重点呈现学习内容，而不

是呈现教师或者教学活动全景。同理，声音的制作要让学生听得清楚，感觉舒服，注意背景音乐可控等。

（2）在教学思路的设计上，要根据学生的思路展开教学

一门好的在线教育课程，要善于分析教学对象的特点，用学生看问题的思路来引领教学内容的组织。比如，问题解决思路就是一种常用的设计策略。学生学习的目的是为了解决问题，在线教育课程可以结合学生的兴趣点、疑惑点、困难点把教学内容分解为一系列小问题，顺着学生的问题思路展开内容讲解，一步步引领学生深入学习。此外，还可以灵活使用归纳总结、联系对比、案例分析、逻辑推理等设计思路。总而言之，要善于分析教学对象的特点，按照学生的思维重组知识呈现顺序，真正做到在教学思路上"以学生为中心"。

（3）在心理感受上，要有面对面辅导的亲切自然感

在线教育课程并非传统课堂教学搬家，也不是课堂授课的微缩版，它是一种能够提供"一对一"个性化教学服务的资源和工具，这是在线教育课程区别于其他教学资源的重要特征之一。以可汗学院的在线教育课程为例，其之所以受到人们的广泛欢迎，是因为可汗学院的教学信息处理和呈现手段非常简单，仅仅利用了一个手写板。在线教育课程真正吸引人的地方在于教师对教学内容的熟练驾驭，在于教师充满人情味的耐心讲解，在于透过语言信号传递出来的亲和力、感染力。

当前，不少教师在制作在线教育课程时容易忽视心理感受问题。主要体现为，在录制在线教育课程时不注意调整自己的感觉，还是停留在上集体课、公开课、示范课的场景，声音会不自觉地变得生硬、呆板、不自然，让人感觉像是大会发言或新闻广播。也有部分教师不习惯对着计算机讲课，找不到对人讲话的感觉，因此语音缺乏自然感、亲和力，无法在情感上传递出和谐的旋律。在线教育课程是供学生单独使用、反复观看的，要传递出与集体教学不一样的一对一教学的亲切自然感，才能拉近教师和学生的心理距离，增强在线教育课程的感染力。真正的以学生为中心的在线教育课程，能够体现出教师好像亲临学生面前讲解的逼真效果。有了这样的情感基调，在线教育课程的制作才算真正取得成功。

第二节　在线教育课程教学设计的流程与课程开发

一、在线教育课程教学设计的基本流程

与传统的教学设计一样，在线教育教学设计也需要科学的流程。参照ADDIE模型和SAM模型，结合在线教育自身特点，这里将在线教育教学设计的流程归纳为七步。

1.确立指导思想和理论依据

这个环节要做的工作是：一是针对培养方案与课标要求，说出适用于本课特点的教学指导思想；二是依据心理学与教育学上的有关思想以及相关理论，提出设计思路。本环节是进行教学设计的第一步，是指导整个教学设计走向的顶层设计，做好了能起到事半功倍的作用。

2.分析教学对象

这个环节要做的工作是：使用合适的工具、采取恰当的方法对学习者学习前的起点行为进行分析，确定学习者的准备状态。所谓起点行为，就是指学习者已有的与新学习有关的能力或倾向的准备水平。教学的起点总是以学习者已有的水平为依据，起点过高或过低都不能收到好的教学效果。在教学设计实践中，分析学习者的工作常常与分析教材内容的工作交织在一起进行。

学习者现有水平和能力是在线教育教学对象分析环节需要考虑的首要问题。除此以外，还需要考虑教学对象的其他特征。

在线教育教学对象具有明显的广泛性和集中性特征。从年龄结构看，其广泛性特点表现为没有严格的年龄界限，从老到小，通常都可以运用在线教育平台学习。在线教育教学对象的集中性特征，主要表现在学习者的年龄段上。一般情况下，虽然不同学历层次的学习者都能在平台上各取所需，但是运用在线教育手段最多的学习者却是学生。开展教学设计时，必须充分关注教学对象的广泛性和集中性特征，根据不同起点的教学对象设计相应的课程、专题或知识点。

在线教育教学对象的学习习惯也是分析教学对象时必须关注的一个因素。新浪教育《2015在线教育用户行为研究报告》表明，43%的在线教育学习者没有固定使用习惯，使用时间偏向碎片化。排在第二的"晚上睡觉前使用"的人群占到了调查总数的1/4，这部分学习者在晚上8点之后开始活跃，并于晚上11点达到峰值。设计在线教育课程、专题、单元或知识点时，也应充分考虑这一点。

由于在线教育是依托网络、计算机、手机等设施设备来实施的，因此，在线教育教学对象分析，不仅要考虑学习者的知识、能力等起点和学习者的学习习惯，还要同时考虑其设备使用习惯与操作能力等起点问题。在在线教育学习者使用的终端分布方面，智能手机和平板电脑为在线教育学习者使用最频繁的设备，其中智能手机占38%，平板电脑占19%，两者合计占比为57%，超越了电脑终端（43%）。可见，使用移动设备学习是大势所趋。

3.制定教学目标

这个环节要做的工作是：根据理想的学习结构和学习者原有的学习结构，确定和陈述出教学目标，即学习者所要达到的学习水平，最后能消除学习者原有的学习结构与理想的学习结构之间的差距。教学目标有大目标和小目标之分。大目标是整个课程或体系的教学目标，小目标是课程中的单元或知识点的教学目标。这主要是考虑到在线学习者完成整个课程体系学习的完成率通常较低，因此，不仅要考虑整个课程或体系的教学目标，还要考虑单元或知识点的小目标。

4.设计教学内容

这个环节要做的工作是：在恰当的教学对象分析基础上，依据教学目标，将教材中的知识内容和知识结构进行再选择、再组织、再加工，如通过梳理形成知识点，通过筛选形成知识点的支撑资源，通过精心设计形成对应的试题库，等等。这一过程也称为激活和活化。通过激活和活化，将教材中的死的知识变成在线教育平台上生动的、活泼的知识。

5.确定教学方式与呈现模式

这个环节要做的工作是：根据学习者现有的准备状态、要完成的教学任务、要达到的教学目标等情况，综合地、整体地选择教学方法和呈现模式，合理地确定教学组织形式和程序，设计课堂教学结构，形成行之有效的教学方案。

由于在线教育自身的特点，呈现模式的选择成为一项必不可少的流程。包括教学内容在内的在线教育资源的呈现模式有慕课、微课、网络课程、视频公开课、翻转学习、泛在学习等，选择哪一种呈现模式，应充分考虑教学内容、学习者特点、技术手段等诸多因素后确定。

6.明确学习评价策略

按照既定的教学方案或模式进行的教学是否有效，能否达到目标，都需要检验。这是学习评价的主要任务。如何开展学习评价，也需要在教学设计阶段加以明确。这一环节要做的工作是：根据教学目标，选择评价的手段和方法，在教学过程中或过程后，对教学效果给予价值上的判断。教学过程中的评价属于形成性评价，目的是检验教学设计方案在实施中的效果如何，若存在问题，就要及时调整和补充教学方案；教学过程后的评价是总结性评价，目的是对一个阶段的教学给予全面的评定，并对学习者的学习结果给出成绩。由于在线教育的大规模性，评价应以网上学习效果评价为主。

7.编写教学设计方案

教学设计方案是教学设计的文本化，是教师实施在线课堂教学的依据。一份完整的教学设计方案应包括上述各项内容，并且包括一份媒体（各种教学资源）要素清单。

从确立指导思想和理论依据、实施教学对象分析、制定教学目标、设计教学内容、确立适用的教学方式并选择恰当的教学媒体，到明确学习评价策略和编写教学设计方案，这七个在线教育教学设计环节，体现了宏观到微观、抽象到具体、开始到结束的全过程、全要素，形成了一个闭环，是在线教育教学设计需要遵循的基本流程。七个基本环节内容繁多、关系复杂，作为在线教育教学设计者，必须认真把握住每一个关键环节的核心内容，才能真正设计出科学合理的在线教育课程体系。

二、在线教育课程开发

课程开发，是指通过需求分析，确定课程目标，选择教学内容，开展教学活动，组织评价与修订，以最终达到课程目标的整个过程。课程开发是教学设计的下位概念，它以教学设计为基础和指南，既是教学设计的具体化，也是教学设计的重要组成部分。

教学设计与课程开发具有系列区别：教学设计的重点在于设计总体目标（包括专业目标与课程、专题、知识点目标），课程开发是按照教学设计说明及要求完成教案、课件等制作的过程；教学设计的过程是设计"施工蓝图"的过程，而课程开发则是按照"蓝图"将"大楼"盖起来的过程；教学设计关注的是外界刺激对学习者注意力水平的影响并编排好教学顺序，课程开发主要关注大脑对接受的信息加工处理的过程，强调的是如何构建知识；教学设计输出的是专业/课程（体系）效果图和人才培养大纲、课程（专题、知识点）教学大纲，课程开发则是形成具体教案、多媒体、演示文稿、讲师手册、学员手册等；教学设计的典型工作任务是定义课后的行为目标，基于学习的难度、知识点的特点和学习者的学习规律编排合理的教学顺序，然后基于学习者的注意力曲线规律及课程设计原则排列教学顺序，最后绘制课程路线图并撰写教学大纲，而课程开发的典型任务则是开发教学事件、设计认知过程、开发课程学习材料、开发评价材料；教学设计的核心学科领域是行为心理学，而课程开发则更关注认知心理学。总之，教学设计是一个方向性的东西和标准性的东西，而课程开发是一个执行与实现的过程，教学设计和课程开发对整个教学质量都具有直接影响。

在线教育课程的开发，通常要经过选题、设计、制作、整理、预览/评价、反馈和发布等七个步骤。选题，实质上是选择教学内容，而要选择教学内容，必须先要系统地梳理课程知识点。设计，是设计在线教育课程的教学策略（特别是呈现方式）和呈现的具体脚本。制作，是根据内容和预先设计的教学策略生成在线课程。整理，是搜集并形成体系化在线课程的相关资源。预览/评估，是对在线教育课程知识体系及呈现方式的整体效果进行运行前的观察、核对与评估。反馈，是根据预览/评估提出的意见建议反馈给相关设计者与制作者进行修改，从而不断优化和完善整个在线课程。发布，是将在线教育课程面向网络开放，供学习者访问和学习。

下面针对在线教育课程开发的核心环节进行具体分析。

1.梳理课程知识

教学内容是在线教育的根本，有相当一部分设计制作工作都是围绕着教学内容展开的。内容选择是否合适，对在线教育的最终效果起到至关重要的作用。因此，如何选择并确定在线课程和专题需要讲解的内容，是在线教育课程开发者需要首先考虑的问题。

在线教育课程和专题的梳理，需要发挥教学团队的作用，同时选择好合适的工具。在线教育课程和专题的教学内容一般是以知识点或单元的形式组织的。知识点的分析是一项复杂的、耗时的、精细的工作，令许多人望而却步，或草率了事。幸而目前社会上已经有了专门针对这一工作的软件工具，称为知识可视化分析工具。可视化分析工具可以对知识进行有效的管理，使知识点间的逻辑关系更加清晰，因此在教学内容梳理过程中常常使用可视化分析工具来进行分析。

在线教育课程教学内容设计中最常用的可视化分析工具主要是概念图和思维导图，常用的工具软件有：MindPin、Inspiration、Xmind、MindMapper等。

梳理形成的在线教育课题体系和专题，其理想境界是达到"精""简""趣"的目标，既要充分体现学科专业和课程的系统性、全面性，又要防止将传统课程体系和课程专题简单"移植"到在线教育平台上的现象；既要关注科学前沿，又要吸纳传统精髓；既要具有知识性，又能联系学生生活并体现趣味性。

2.选择教学内容

梳理课程专题的过程，实际上也是选择教学内容的过程。在线教育课程教学内容的选择实质上就是选题。好比农民挑选种子，优良的种子辅以适当的耕种容易获得丰收，如果选了先天不足的种子则事倍功半，难以产生好的结果。特别要注意的是，在线教育课程教学内容的选择不同于传统教学，不能简单认为是将一节课进行压缩或切片，也不是所有的教学内容都适合在互联网上用微课等形式呈现。在选择在线教育教学内容时要遵循以下原则：

（1）知识点是热门的考点、教学重点和教学难点。

（2）教学内容是学习者需要的。

（3）教学内容不能太复杂，在有限的时间内要能够清晰完整的讲解。

（4）知识点的选择要精细，一次授课一般只讲授一个或两个知识点。

（5）知识点要准确，对知识的讲解不允许有错误或误导性的描述。

（6）内容通常具备一定的独立性和完整性。

（7）除了知识点以外，教师还可以选择典型的专题活动、实验活动等进行授课设计。归纳起来，在线教育课程教学内容的选择要从以下三方面考虑：

一是使用价值。任何成体系的数字化教学资源的制作都需要花费一定的时间和精力。因此，将知识体系中的内容原封不动地搬到在线教育平台上是不可取的。一方面，要依据规划的人才培养方案和知识体系，归纳和挑选知识点，通过以点带面的方式实现所呈现知识的系统化。另一方面，还要注意选取教学使用价值较高的课题来制作网络课程。比如，教学中的重点、难点、疑点、考点、热点，平时需要教师反复讲解和强调的内容，学生容易出错的知识点，学生经常提问的问题等，都可以作为在线教育课程的选题对象。

二是传播难度。在线教育课程是以视频为主的教学资源，选取符合视频传播特征的教学内容能够最大化地发挥在线教育课程的优势和作用。众所周知，视频是以连续的动态画面来呈现信息的，因此，一些具备"动态特征"的教学内容，比如：动作技能、操作过程、工作原理、变化过程等，就非常适合使用在线教育课程。此外，视频传播的两大信息通道是图像和声音，如果教学内容本身需要使用较多的图像和声音，比如：地形地貌、摄影摄像、广告设计、艺术欣赏、发音训练、乐器弹奏等内容，也非常适合使用在线教育课程。

三是关联程度。在线教育课程是相对完整、独立的碎片化教学资源，时间长度一般不超过10分钟。调查数据表明，超过6分钟的视频受欢迎程度直线下降。所以，在线教育课程的选题必须要小，内容少且相对独立。选题时，可以选取一个独立的小话题作为切入口，把内容讲通讲透，宁可"小题大做"，不宜"大题小做"。同时，一门在线教育课程的教学目标不宜过多，一般设定一到两个目标即可。目标要尽量具体化、可操作、可测量，不要设计抽象模糊、大而空泛的目标。对于信息含量大的教学主题，则可以采用内容分解的方式，化整为零、逐一制作，最后形成系列在线教育课程。

3.确定教学策略

要正确选择教学策略，必须首先明晰在线教育教学的特点。第一，从教学内容的性质看，经由在线课程传授的教学内容本质上仍然属于间接经验，学生的学习是一个接受间接经验的过程；第二，从信息传播的角度看，在线课程中的信息流动基本上是单向传递，学生处于被动接受地位，教学过程缺少双向互动；第三，从学习者的角度看，学生利用在线课程进行自主学习，具有独立的选择权和决定权，在线课程教学必须能够契合学生的需求，才能达到理想的教学效果；第四，在线教育不受时空和场地的局限，其教学模式灵活多样，体验式学习、协作式学习、探究式学习等多种学习方式成为在线课程的基本教学模式，这些学习方式并存且各有特色。在线课程与线下课程的区别见表2-1。

表2-1　在线课程与线下课程的区别

对比项目	在线课程	线下课程
课程内容	预先定制，相对固定	随时变化
理论依据	个性化教学策略	班级教学策略
教师数量	通常多名教师	通常一名教师
学习者反应	事先预判	临场观察
师生关系	通过网络"面对面"，相对陌生	近距离，面对面，较为熟悉
上课环境	家、教室等	教室
同学关系	没有传统意义上的同学，且一般不能面对面交流	有固定同学，可以面对面交流
学习者学习水平	较为一致	差异较大
保存时间	可以永久保存	无法保存

从在线课程教学的特点分析可知，在线课程教学本质上属于有意义接受学习的范畴。由于在线课程教学是一个经由在线平台向学生传递教学信息的过程，而且学生具备较大的主动权，所以在线课程教学的策略要重点放在激发学生学习兴趣和促进学生有意义学习的发生这两个关键点上。根据有意义

接受学习理论、学习动机相关理论，结合视频等媒介传播的特点，在线课程教学可以重点借鉴以下三种教学策略，见表2-2。

表2-2　在线教育教学策略分析表

教学策略	学习动机来源	新旧知识的链接途径
先行组织者	认知内驱力	经由知识结构的链接
基于问题	好奇心、兴趣点	经由问题的链接
情景化、案例化、故事化	个人需求、现实关联	经由真空情景的链接

（1）先行组织者策略

先行组织者是教育心理学家奥苏贝尔提出来的重要概念，它指先于学习任务呈现的一种引导性材料，比学习任务本身具有更高的抽象、概括和包容水平，能够起到把学习任务与学生认知结构中原有的观念相关联的作用。先行组织者可以分为说明性组织者和比较性组织者两类。说明性组织者一般是当前学习内容的上位概念，具有统摄、概括、包容当前学习内容的作用。

比较性组织者则与新的学习内容是平行关系，在教学中起类比的作用，能够帮助学习者更好地理解新知识。比如，在讲解雷达的工作原理时，可以用回音现象的原理作为先行组织者；在讲解人体血液循环系统时，城市给排水系统可以作为先行组织者。

先行组织者在在线课程教学中起到链接新旧知识的作用，这种链接是经由学生的认知结构产生的。作为一种教学策略，其应用的方法是：先呈现先行组织者，再呈现新的学习内容，最后梳理清楚当前内容与原有认知结构的关系，促进新旧知识融会贯通。在在线课程的设计中，可以充分利用视频信息可视化的特点，尽可能地把教学内容的知识结构可视化，方便学生理解。当学生能够顺利利用自己原有的知识体系理解、消化新的学习内容时，容易生发出学习的成就感和满足感，愉悦的学习体验伴随有意义的学习得以发生。

（2）基于问题的教学策略

提出问题是学习的开始，解决问题是学习的最终目标。在自主性学习中，解决问题往往是学生最主要、最直接的学习驱动力。在在线课程设计中，巧妙的提问可以有效激发学习兴趣，同时还能够统领学习内容，引导学习思路。

基于问题的教学策略容易操作，教学效果好，设计的关键点在于找准问题的内容以及提问的方式。一般来说，问题的内容最好处于学生学习的"最近发展区"，难度适中，经由在线课程教学能够顺利解决。过于简单或者过于复杂的问题都不容易激发学生的兴趣，有时甚至会起反作用；同时，提问的切入点要尽量结合实际，不要单纯从知识的角度提问题，比如，结合社会现象、生活实践、学习需求、思想动态等角度来提问，这样的问题不枯燥、不呆板，容易激发和维持学生的学习兴趣。如果一个在线课程中有若干问题，要注意问题的内在逻辑关系，巧妙地起承转合，让在线课程成为一个有机整体，而不要被问题分割成几个独立的部分。最后需要提醒的是，由于在线课程是基于视频为主的单向信息传递，不是师生的双向交流，所以在线课程一般需要采用自问自答的方式进行内容的串接。

（3）情景化、案例化、故事化的教学策略

建构主义学习理论认为，发生在真实情景中的学习是最好的学习，学习不应该与现实脱节而应该紧密关联。教学实践也证明，与真实情景相关联的学习内容容易引起学生关注，注意力维持时间较为长久。学生都喜欢听故事，所以在在线课程中使用情景创设、案例分析、讲故事的策略能够有效吸引学生关注。

值得指出的是，在线课程是以视频为载体的，而视频非常适合用于创设情境、展示案例、讲述故事。很多教学内容都适合使用情景化、案例化、故事化的策略。比如，操作规范、文明礼仪、预防灾害、食品安全，等等。在某种意义上说，几乎所有的教学内容（人类经验）都可以在现实生活中找到发生的情景，只要教师用心设计是不难找到教学内容与现实生活的关联点的。

以上三种策略是在线课程教学设计中常用的策略，但教学策略的选择并非一成不变，教师可以根据具体情况合理搭配，灵活使用。策略和方法本身充满了创造性，有无穷变化的可能，一个富有教育激情和教学智慧的教师更加容易因地制宜、因材施教，设计出学生欢迎的在线课程。

4.生成在线课程

在线教育课程采用了多媒体技术，相对于传统的课程和教学更具表现力。一个教学内容往往可以用多种方式去呈现，因此，在在线教育课程生成过程中需要仔细研究与分析，从而达成最佳的教学效果。

在线教育课程的呈现方式多种多样。生成在线课程，需要经历脚本编写、结构设计、版面布局、文字处理、图形图像、动画制作、视频摄录、音频录制等环节。在线教育课程中，视频课程是一类重要的教学资源，相对于以网页、PPT等方式呈现的课程来说，其设计与制作难度更大。当然，设计与制作精良的视频课程效果也会非常明显。因此，这里重点就视频课程建设进行分析。

要设计和制作出受欢迎的在线教育课程，必须遵循视频资源制作的规律，结合视频传播的特点来设计教学信息呈现方式。由于视频主要通过视觉和听觉这两大感觉通道传递信息，因此，设计与制作在线教育视频课程，要切实把握这两大感觉通道的特征。

（1）视觉信息的设计

在视频类教学资源中，通过视觉信号传递的信息量约占总教学信息量的80%，所以良好的视觉信息处理是关键。在在线教育课程中，视觉信息涉及两个层面的内容：一是教学内容的可视化处理，这与教学设计有关；二是画面的艺术性处理，与拍摄、制作水平有关。在教学内容的处理上，在线教育课程的主要任务是把教学信息尽量可视化。视频的优势并非传递抽象的文字信息，而是传递具体、直观的图形、图像信息，特别是连续的、动态的图像信息。因此，把原先相对抽象的教学内容转换成具有较强可视性的画面信息，是在线教育课程设计中的关键技巧。

以下是几种常用的教学信息可视化方法：

1）抽象概念形象化

在线教育课程的教学内容往往涉及很多概念，文本教材一般直接用文字符号来表达相关信息。在在线教育课程设计中，则需要把各种概念尽量形象化，这样既有利于发挥视频的优势，又能帮助学生更加直观、有效地接收信息。

2）数字、关系图示化

在线教育课程的教学内容中如果涉及数据信息，图示化是最简洁有效的表达方式。把枯燥的数据关系转换成图形关系，能够更加直观、有效地说明问题。灵活使用坐标轴、饼图、柱形图、曲线图等数据可视化工具可以使教学内容更加清晰易懂。此外，巧妙运用类比、比喻的手法来说明数据之间的关系，会使信息的呈现更加生动活泼。图示、比喻的设计手法在处理数字类、关系类的教学内容时非常有用，容易让在线教育课程达到有用、有趣的教学效果。

3）信息呈现动态化

视频最擅长表达和呈现过程性、动态化的信息，深入分析和研究教学内容，发掘教学信息中可以"动"的元素和成分，加以恰当的设计和运用，就能制作出生动的在线教育课程（见表2-3）。

表2-3　教学信息动态呈现的设计

教学内容	动态成分的发掘	设计方案
明显可动（如：动作技能、操作过程、现象过程等）	内容自身的连续变化	直接呈现动态过程
隐性可动（如：工作原理、技术路线、发展历程等）	内容的主次关系、时间的先后次序	按照内容的逻辑次序，动态呈现信息
不可动（如：语法、理论、写作、解题等）	人的思路	按照问题分析的思路，动态呈现信息

有些教学内容本身具有动态性特征，如实验操作的过程、自然现象的变化过程等，直接使用视频来呈现教学信息是最简单有效的方法。有些教学内容相对抽象，动态特征不太明显，如工作原理、技术路线、历史进程、发展思路等内容，需要设计者根据教学内容的自身特点，合理安排信息的呈现次序，利用信息的动态呈现引领学生的思路，循序渐进地展示教学内容。信息的动态呈现，既能有效展现事物的时空关系，又能帮助学生理解和记忆。还有一类教学内容抽象程度更高，与动态化无关，比如写作方法、解题技巧、语法要素、学科理论，等等。对于这类教学内容，可以从发掘人的思维过程的动态性入手，依据分析问题的思路来安排信息的动态呈现。同时，还可以使用动态的图标、箭头、线条、闪烁等手法强调内容之间的关系，帮助学习者理清思路。

综上所述，在线教育课程中视觉信息处理的关键是把教学内容中抽象的概念形象化、枯燥的数据图示化、复杂的关系可视化、静态的信息动态化。简而言之，就是要把教学信息尽量可视化、动态化，充分发挥出视频媒介的优势。

（2）听觉信息的设计

声音是在线教育课程用于传递信息的另一个重要途径。一个优秀的在线教育课程中，声音不但用于讲解教学内容、营造学习情境，更是主讲教师展现语言魅力，彰显教育情怀的重要渠道。透过声音，教师的存在感更显真实而生动；透过声音，在线教育课程的品质可以提升到一个新的高度。

1）解说词

在线教育课程中声音的运用主要分为两类：一是解说词，二是背景音乐。带解说的在线教育课程更加贴近真实的课堂教学情境，容易为学生接受。需要注意的是，在线教育课程中的解说词是对画面信息的必要解释、说明、提示、补充，不是对画面文字的简单重复。有些在线教育课程用画面呈现大量的文字信息，解说则是对照画面上的文字进行简单复述，这样的设计有大量的信息冗余，容易令人生厌。正确的做法是，画面信息的处理要尽量可视化、动态化，文字尽量简约，宜少不宜多。解说词则需要参照画面内容单独撰写，既要有针对性地补充画面信息，又要能够起承转合，起连接贯通整个在线教育课程的作用。

此外，在解说词的录制中，教师还需要注意自己的语音、语速、语调、节奏、情感等因素。很多教师在话筒前面，说话往往感觉不自然，录制的语音给人以生硬、呆板、有形无神的感觉。因此，教师在录音前需要调整好自己的感觉、心理状态，才能录制出效果理想的解说词。

2）背景音乐

有些在线教育课程没有配解说，这类在线教育课程就应该选择合适的背景音乐，配上必要的文字说明。背景音乐的选用需要注意一个问题：音乐的内涵是什么?每首音乐都有其创作的独特背景，也有其要表达的特定含义。在线教育课程选用的背景音乐应该与在线教育课程的内容相匹配，至少不相违背。合适的音乐可以衬托乃至提升整个在线教育课程的品质，如果不加分辨随便选用音乐，就有可能出现张冠李戴、贻笑大方的情况。此外，如果在线教育课程中需要使用几段不同的背景音乐，除了注意内容的契合度外，还要注意主次分明，即以一种音乐为主，呼应首尾；其他音乐为辅，穿插使用。音乐过多易显杂乱，同一个在线教育课程使用的音乐最好不超过三种。

总而言之，生成在线教育课程时要充分发挥视频媒介的优势，合理设计视觉信息与听觉信息，有机结合两种感觉通道进行信息表达。视觉、听觉相得益彰，就像两条腿走路，既分工又合作。

5.形成助学资源

助学资源，这里指与课程和专题相关的各种教材、教案、课件、习题、题库（试卷）、教育软件以及辅助教学的相关信息公告（如课程信息、课程导学与课程公告）等。这些资源的收集、整理、制作和填写也属于课程开发范畴。

教材是供教学用的资料，如课本、讲义等。包括文字教材、音像教材等。在线教育教材，通常以多媒体的形式存在。

教案（导学案）是教师为顺利而有效地开展教学活动，根据课程标准和学习者的实际情况，以课时或课题为单位，对教学内容、教学步骤、教学方法等进行的具体设计和安排的一种实用性教学文书。包括教材简析和学习者分析、教学目的、重难点、教学准备、教学过程及练习设计等。

课件是根据课程标准的要求和教学的需要，经过严格设计，并以多种媒体的表现方式和超文本结构制作而成的课程软件。它与课程内容有着直接联系，是为教案服务的，是教案的一部分。

习题是一门课程或者一部教材为学习者提供的，可供练习和实践的、具有已知答案的问题。

题库（试卷）是按照不同的学科门类及其内在联系，将不同的试题分门别类地汇集起来，为特定学科知识和技能测试提供备选试题的一种系统资源。试卷可以简单看作题库的一种。通俗地讲，题库可以理解为大量试题的集合，也可以理解为一种数据库。

教育软件是为教育服务的软件系统。其分类繁多，可根据实现功能、学科专业、应用范围等多种分类方式进行划分。从广义来看，在线教育平台本身也是一个教育软件。

课程信息、课程导学与课程公告等辅助教学信息，是向学习者提供课程学习简要信息、引导学习者完成学习任务的公告性资源，对于更好地开展在线教育工作、提高在线教育课程教学质量有着间接的促进作用。其中，课程信息包括本门课程的性质、主要内容、学习目的、学习任务以及教师简介等；课程导学是指导学习者如何学习本门课程的信息，如学习目的、适用对象、学习内容、证书要求、预备知识、参考资料等；课程公告主要是告知学习者本门课程在线开课时间、答疑辅导时间等。

三、在线教育课程开发需要注意的问题

设计开发在线教育课程，不仅要遵循设计开发的基本流程，还需要考虑方方面面的问题，这是国内外在线教育实践的经验总结，具体如下。

1.控制单元时间

在线教育课程中，会大量用到微课、微视频等新形式、新技术，这就产生一个问题，即微课、微视频到底需要多长时间较为合适。美国斯坦福大学和康奈尔大学两篇分别基于Coursera和edX数据的论文，分析了edX上690万条视频观看记录之后，得出了一个较为惊人的结论：无论视频多长，用户实际观看时长的中位数都不超过6分钟。而且6～9分钟的时长是个拐点，更长的视频实际观看的中位数反倒会下降。比如长度超过12分钟的视频，实际观看中位数只有3分钟。所以，"微课、微视频到底多短最合适"这个问题有了标准答案——6分钟。

在我国，2013年6月一项面向中小学首届微课大赛参赛微课视频时长的数据分析表明：3～7分钟为最佳时长，太长效果不好，太短则讲不清或视频编辑技术要求高。即87%以上的微课教学视频长度都小于10分钟。其中75%的视频时长在5～8分钟之间，小于3分钟的则不到6%，超过10分钟的不到13%。可以看出，中小学微课视频长度最长不宜超过10分钟，5～8分钟最为适宜。不同学科、不同学习对象略有不同。

2.把握讲授语速

由于微课、视频短小且又要包容足够的知识点，因此，讲授语速非常重要。虽然统计数字表明语速和视频吸引力并不完全成正比，但当语速达到每分钟185～254个单词，对应中文为每分钟300字左右时，无论视频多长，都能获得相对更多的注意力。原因比较好理解，快语速常常伴随着激情，而激情富有感染力，感染力更能打动学习者，让他（她）更加专注。所以，教师越热情，甚至是越激情，越能吸引学生。

语速加快，讲授同样内容所需时间就会缩短，这样产出的视频就可以接近甚至达到6分钟的建议长度了。只要录课前做好规划，让内容更紧凑，节奏更快，不说废话，不机械重复（学生可以自己重复看），剪掉"嗯""啊"等口头语，短小精悍的视频就不难实现。

从某种程度上来讲，同样内容的教学视频，长度越短，学生的学习效率越高。这就是微课、微视频制作必须要求老师具备的"语言观"。微课、微视频大多摆脱了在嘈杂的课堂教学情景中摄制的方式，采用了"可汗学院式"视频（一个人、一台电脑、一个话筒、一个PPT课件的一对一辅导的录制方式），只录制教师讲授的内容及操作（一般用鼠标或手写板代替），而教师讲课时的头像和肢体动作不直接录进微课视频中。这就要求老师的语言必须声音清晰、发音标准、语速适当（甚至可以偏快，因为学生看视频时对于偏快偏难的地方可以暂停或重复观看）、富有感染力，甚至可以适当幽默风趣一点，能把电脑或移动设备面前学习者的眼球和注意力吸引住。

3.注意动静结合

微课、微视频由于十分短小，要做得精致，因此，给人的印象是授课教师的头像可有可无。事实并非如此。对大于6分钟的视频，有教师讲课头像的和纯PPT、软件操作等录屏式微课视频相比，前者收获的关注更多。究其原因，是因为头像总在动，比一直处于静止画面的单调录屏更能"提神"。据统计，多数学习者比较喜欢那种头像嵌入视频一角，即画中画的形式。当然，前提是在PPT中把那一角特意留出来，头像不应遮挡该看到的课件内容。

由此可见，教师的头像在某种教学情景下也是一种重要的学习资源。在我国，学习者受传统的班级教学影响深刻，没有头像的课，不仅教师自己看着不习惯不自然，学习者更会觉得，没有老师的现场感和亲切感以及监督感，自主学习能力减弱，学习一段时间后很容易分神。因此，中国式微课、微视频可以走"折中"路线——教师头像可以在片头片尾出现，中间偶尔出现，重要内容时可以出现，小结时也可以出现，甚至教师头像的画面位置和大小都是可以设置的。

4.善于营造气氛

基于Coursera和edX数据的论文还表明，微课、微视频最受欢迎的特点之一是要善于制造一对一的感觉。对教师来讲，大都习惯于教室的教学气氛——黑板/大屏幕、教鞭或PPT激光笔、站在讲台上、走来走去、学生全部面向教师，甚至安排一些学生假装听众来提起讲课的兴致。但数据分析表明，这种在教室/演播室配置昂贵设备录制的视频，在吸引力上其实不如更低成本的私人录制方式。教师坐着，面对镜头，背景就是办公室，像在做单独辅导一样地讲课，效果是最好的。这样很容易产生一种亲切感，而且与坐在电脑前的学生所处的学习环境最契合。

这里的关键点就是让学生有一对一的感觉。传统线下教育提示我们，面对面、一对一才能达到最佳教学效果，坐下来直面镜头，就基本创造出了这种感觉。语言上再多用"你"而不是"你们"，用"咱们"而不是"大家"，气氛就有了。很多不谙此道的老师课程开头第一句话总是"同学们，大家好"，这通常在那一刻就"出戏"了。

一对一教学的感觉很重要。微课、微视频就是为学生的自主学习、一对一高效学习而设计制作的，是给学生看的而不是给老师看的。一对一学习里蕴藏着最扁平化的学习理念——学生直接与学习内容或讲解操作过程交互，没有多余的、无关的甚至是无效的中间教学环节，如传统课堂教学中的与同学讨论、分享、交流、回答，即使有，也是学生在心里、一个人的思考与活动。学生可以按照自己的爱好和风格按需学习——容易的内容可以跳着看、不懂的地方可以反复看，或者暂停一会儿去查相关资料弄明白相关基础知识后接着看。同时，看的时候可以线上提问题、做练习、做笔记，待完全掌握后再看下一个微课、微视频。这样的学习效率通常会特别高，且不会遗留下空白。

5.讲究教学工具

在线教育需要录课设备、教学用工具等硬件设施设备。那么，教学硬件设施设备是否越高档、越充足，对在线教育课程教学质量效果的支持就会越大呢?答案是否定的。以可汗学院的视频为例，其录制的视频基本上只用到手写笔（板），所以有学者干脆将这种视频称为"可汗风格"。统计表明，与传统单纯的录屏式微课相比，学生更愿意在可汗风格的视频中投入1.5~2倍的时间。老师边讲边画，给人的感觉是在一对一讲题。或者在一片白板/黑板上用板书讲课，或者在PPT上勾画要强调的内容，手写笔的效果远胜过鼠标单一的指示与播放，让学生很清楚地知道该看哪里，并忠实地跟着老师的思路同步思考，从而实现学习过程思维的可视化。可见，教学用工具不一定非常高档、多样，手写电磁屏和手写笔就是非常值得配备的微课、微视频教学工具。

6.把握学习特点

在线教育课程学习体现出一个令人惊讶的特点：学生越活跃，成绩越高。那么，什么时候选课的学生最活跃呢?研究表明：在新课程正式开始前半个月，到课程第一次作业截止这段时间里选课的学生，其中的活跃者比例远高于其他时间选课的。所以，在线教育课程宣传的最佳时机，就是开课前后。不过值得一提的是，自开课时间起，哪怕到了课程结束之后，加入课程但只看视频的学生始终保持着较高的比例。他们虽然不交作业、不考试，但也能从视频中有所得，这也是课程价值的体现。所以有些慕课课程结束后就彻底关闭、连视频都不给人看的做法，是不合适的。另外，60%的学生是在课程开始前选课的，所以足够长的预告期还是有必要的。

基本上，学生的最终成绩与其看视频、做测验、交作业和参与论坛互动的次数是成正比的。也应了那句"一分耕耘一分收获"的老话。但"读论坛"这项活动有个独特现象，在80~100分这个区间会变成反比，也就是分数越高，论坛看得越少。这说明学霸对论坛的依赖度不高。论坛主要服务于非学霸。但不要以为学霸对论坛就没贡献，事实上他们很重要。统计数据表明，占据论坛沙发的学生其论坛活跃度都很高（侧面说明人数少），而且他们的平均成绩也在80分之上。

统计表明，并没有任何视频成为明显的学习终结者，但确实有些作业题目成为障碍，大量的学生被挂在上面。这说明学习中止的很大原因是遇到困难，而非单纯的懒惰。如果能在解题过程多提供一些帮助，如志愿者在线辅导答疑、个性化学习资源的推送、定期的学习诊断报告与建议、进阶式积分式的学习激励机制等，可以帮学生走得更远。

7.摒弃传统习惯

在线教育课程教学与传统线下课程教学是有相当大区别的。因此，对于教师来说，一定不要把课堂讲课的习惯与模式照搬到在线课程中。

授课是一项以对象和目标为导向的活动，在线课程的授课对象构成更复杂，包括年龄、基础、地域、作息习惯、文化背景等，学习目的也多样，如拿证、深入学习、大体了解、解决手头问题等，再加上学习工具与环境的各不相同，可想而知照搬课堂授课的效果会多差。作为在线教育教师，放下自己赖以成名的传统教学习惯与观念，用"小白"的心态重新学习如何在线授课，是扎实做好在线课程的第一步。

第三章　在线学习模式与支持服务

第一节　在线学习概述

　　学习者是在线教育的中心，在线学习是在线教育的主体活动，学习支持服务是完成在线学习活动的保证。在线学习与支持服务是在线教育的重要组成部分，了解和把握在线学习的特点、规律，探索在线学习支持服务的系统、功能，对于提升在线教育的质量起着至关重要的作用。

一、在线学习的内涵与特点

　　在线学习作为一种新的学习方式，引发了一场从教育观念、教育内容、教育方法、教育手段到教育模式、教育过程的全方位的深刻变革，已经引起教育部门和相关工作者的高度重视。

（一）在线学习的理论

　　在线学习的本质是网络环境下的教学设计。对在线学习内涵的理解，必须以建构主义理论、联通主义理论、教育公平理论和终身教育理论等作为理论基础。

　　1.建主理论

　　建构主义理论最早起源于18世纪的西方，刚开始是一种哲学理论，后来经过西方众多教育家的拓展，最终形成一种新型的基础教育理论。作为一种新型的学习理论，建构主义理论对学习提出了诸多深刻的见解，所蕴含的教学思想主要反映在知识观、学习观、学习者观、师生角色的定位及其作用、学习环境和教学原则等六个方面。其核心是：以学习者为中心，

强调学习者对知识的主动探索、主动发现和对所学知识意义的主动建构。首先，建构主义理论认为，学习的过程不应该是被动的接受，而是一种积极地主动接受的过程，通过积极主动地对知识进行汲取与吸收，可以使人们的学习效率以及学习水平最大限度提升。在课堂学习中，教师不仅仅是简单的传授知识，学习者也不是简单地被动接受。学习者通过对于教师传授知识的吸收和与外界环境的接触与学习互动，实现对于原有知识的巩固与提升。其次，建构主义理论同时对学习者所接触的知识提出了新的解释。所有一切可以称为知识的展现形式，都可以看作是建构主义理论的知识需求范围。对于这些不同的知识表现形式，学习者可以有选择地接触与掌握，同时结合学习者的经验背景、知识框架，对于这些基本的知识进行选择性理解。

2.联通主义理论

西蒙斯在"联通主义：数字化时代的学习理论"一文中系统提出了联通主义的思想，认为学习不再是一个人的活动，而是学习时连接专门节点和信息源的过程。在线学习依托新的高度交互的、高度网络化的媒介，将学习集中在与专业知识系列的连接方面。联通主义认为学习主要是关系网络形成的过程。联通主义是一种由混沌理论、网络理论复杂性理论与自组织理论等集成的理论原则。知识和学习过程发生在模糊不清的环境中，只有部分核心环节会受个人控制。西门子非常强调学习发生时的社会性特征，这也为终身学习的实现提供了条件。不管是实践社区理论中的学习概念，还是协作学习理论中的学习概念，都把学习看是普遍存在的社会活动。因此，联通主义是一种将社会网络应用到学习和知识上的理论。

3.教育公平理论

教育公平的本质在于人们接受教育的权利平等和机会均等，其核心是机会均等。1960年联合国教科文组织详尽阐述了教育机会均等的概念，认为机

会均等应包括：入学机会均等、进入不同教育渠道的机会均等以及取得学业成功的机会均等三个层面。

目前，学习者由于所在区域、个体差异等现实情况，导致学习机会存在不均等现象。在线学习就是试图消除不均等现象，走出一条切实可行的远程培训发展之路。

4.终身教育理论

终身教育理论核心的内容就是关注学习者一生所需素质的养成，在时间、地点及学习方式、方法等方面给学习者提供自主、多样、灵活的选择。终身教育体系的形成和完善过程就是"两个转变"的实现过程：一是满足个人或社会对教育的功利取向的应急需要，转变个人或社会对教育的多取向的长远需要；二是从学习者被动地选择教育，转变为学习者自觉地接受终身教育。

（二）在线学习的内涵

20世纪中后期，随着计算机技术和网络通信技术广泛应用于远程教育，远程学习的一种新形式——在线学习如火如荼地发展起来。在计算机技术领域，在线最初的含义是指用于登录计算机网络的线路。在线一词专门指用户计算机网络已经连接就绪，可以通过网络进行信息沟通的状态。

对在线学习一般有狭义和广义两种理解：狭义的在线学习是指教与学的所有参与者都同时在线并且互联，实质上是一种基于计算机网络实时同步通信交互的学习；广义的在线学习即将所有通过计算机网络特别是互联网实现的教与学活动都归为在线学习，实质上是将于计算机网络的实时同步通信和非实时异步通信的学习全都包括在内了。

在线学习是指学习者通过应用计算机网络通信技术，获取学习相关的数字化资源而实现的一种远程学习的形式。一般而言，凡是基于计算机媒介通信（CMC）开展的网络学习活动，如各类虚拟学校、教育网站、网络课程以及各种在线教育培训系统等，都属于在线学习的范畴。在线学习是第三代远程教育——开放灵活的远程学习中最重要的一种远程实践形式。其意义不仅表明在有网络的地方学习活动将无所不在，更重要的是它标志着一种社会性学习的出现，学习活动被赋予了社会化属性。

目前网络上已有完善的在线学习平台系统。这样的学习平台系统可以智能地将一个云题库与平台对接，根据你的学习需要去完成你的学习目标。例如学习者可以在线学习与自己学习同步的课程体系然后同步作答题目，作答完成后由系统智能为你呈现解题过程，辅助你提高学习成绩。

在线学习概念一般包含三个主要部分：以多种媒体格式表现的内容；学习过程的管理环境；以及由学习者、教学者组成的网络化社区。

二、在线学习的分类

所谓分类，就是指根据所选事物的本质属性、基本特征等来对它们加以区分，并将最终的分类结果按照适当的顺序进行整理、汇总的活动。在线学习可以按照宏观和微观两个层面进行分类。

从宏观上看，按照在线学习举办方的不同，可以将在线学习系统分为：政府主导构建的在线学习、学校支持构建的在线学习、校企联合举办的在线学习以及企业自主创办的在线学习等四大类。本书重点从微观上对在线学习进行分类。

微观方面，首先，从学习平台的使用功能方面来划分可以将在线学习的学习平台分为两大类：自主式和引领式；其次，从在线学习的学习者这一组成要素来看，根据学习者的学习层次不同可以将在线学习系统的学习对象分为三大类：基础教育的学习者、全日制普通高等教育的学习者和成人高等教育的学习者；再次，从在线学习的管理者、组织者所采用的组织方式方面来看，根据在线学习的组织者对在线学习的定位、在线学习创办的目的以及在学习者学习过程中所起的作用，可以将在线学习分成三大类：自主开放式、辅助教学式和学分认证式。

（一）基于学习平台的分类

1.自主式在线学习

自主式在线学习就是在整个学习的过程中有学习者、学习资源和学习平台三种因素存在，学习者可以自己确定学习的主题或学习目标，以自己的方式来自定步调进行学习，并利用自己的元认知监控能力来对自己的学习过程进行监督的一种学习方式。从其实质上来看，自主式学习属于自学的范畴。它的最大优势就是以人本主义理论为基础，从学习者自身出发，让学习者享有完全的自主权与支配权。自主式在线学习模式：自主式在线学习模式→教材、课堂内容的数字化→内容核心模式→学习者在线学习。

总体上看来自主式在线学习属于一种接受式学习，但它又与传统课堂的接受式学习不同，它是将教材和课堂内容数字化，并将其放到在线学习平台中，供学习者在线学习。自主式在线学习中主要的活动是学习者学习，在自主式学习的过程中学习者的学习行为可以完全由自己来调节和控制。自主式在线学习比较注重学习内容方面的建设，自主学习的核心就是学习内容。学习的内容可以是学习平台上提供的网络课件、电子图书或学习平台中提供的网络视频课程，也可以是为学习者提供的用于自主探究式的学习内容。

2.引领式在线学习

引领式在线学习是一种以教学者为主导、学习者为主体的学习，它以教学者的引领为关键点，以促进在线学习者之间的交流、协作为出发点，以引导学习者充分利用学习资源学会如何学习为目的。引领式学习模式：引领式在线学习模式→教学过程的数字化→沟通核心模式→师生在线互动学习。

引领式在线学习是一种将教学过程数字化的学习模式，教学者和学习者之间的沟通是这类学习系统设计的重点，引领式在线学习强调整个学习活动应以教学者为主导，以学习者为中心，学习者是引领式学习的主动建构者。在这种学习模式中教学者和学习者都是全程参与的，课程实施的重点不仅包括课前的教学设计，教学过程中的引领、互动更是重中之重。教学者通过使用各种手段策略来诱发、引导学习者去对所学知识实现意义建构。该模式将引导学习者快速、有效地利用学习资源以及为学习者提供有关学习上的支持服务放在首位，不主张将学习内容填鸭式地硬塞给学习者，教学过程中比较关注学习者主体作用的发挥，通过教学者的引导与鼓励让学习者积极主动参与到学习的交流、协作中来。在引领式学习过程中教学者所采用的教学策略主要有"支架式""抛锚式""启发式"等多种形式。学习的过程中通过角色扮演、网络实时交互、头脑风暴和研究性学习等学习方式来完成教学者的教和学习者的学。

（二）基于学习者的学习层次分类

1.面向基础教育

基础教育中的学习者主要是中小学生，他们年龄比较小，好奇心也比较强，元认知的监控能力相对来说比较弱，这就要求这类在线学习要具备完善的师生交流、教学者监控、家长监控等功能。通常面向基础教育的在线学习平台是严格按照学习者的一般特征（主要是年级的差异）来划分各大系统功能模块的。目前我国面向基础教育的在线学习平台可谓包罗万象，功能模块设置也大同小异，教学效果的差异关键在于师资力量、教育动态的把握以及教学管理能力等方面。大家比较熟悉的面向基础教育的在线学习系统主要有各类网校（校企联合的、企业独立举办的）、天空教室以及学习型网站等。

2.面向普通高校

面向全日制普通高等教育的在线学习系统就是专门为全日制普通高等教育的学习者准备的。与面向基础教育的在线学习系统不同，这类在线学习系统具有非常强的专业性，它对各个模块进行划分的依据不再是以年级为单位，而是以专业为界限，严格按照教育部规定的十三大学科门类来对系统中的知识进行归类、整理。这种学习系统中对学习者监控方面的功能较弱，更多地注重与学习者之间的交流与沟通，学习者的自主学习占主导地位。这类在线学习系统主要有国家精品课程、省级精品课程、高校视频公开课以及各高校电子图书馆等。

3.面向成人高等教育

我国成人高等教育主要有广播电视大学和各大高校网络教育学院两种形式。支持成人进行网络化学习的在线学习系统主要有：电大在线学习平台、普通高校的网络教育学院两种形式。

（三）基于学习系统

1.自主开放式

自主开放式在线学习系统是一种资源型的在线学习系统，主要是为学习者提供各种用于自主学习的资源。在自主开放式在线学习系统中，学习者对教学平台的使用是完全免费的，学习者的学习方式是自主式的，在学习的过程中没有引导者、监控者等角色。学习者可以通过注册一个自己的账号、密码进入学习系统中进行学习。

2.辅助教学式

辅助教学式在线学习系统主要作用是对课堂教学进行补充，它面向的对象主要是基础教育的学习者，是对基础教育课堂的一种辅导、补充。辅助教学式在线学习系统通常将学习内容按照年级、科目、章节进行划分。教学课件、课堂视频、课后练习等具体到各章各节，严格按照教学大纲的规定来对学习者的学习进行课后辅导，它们有严格的教学计划、教学步骤、对教学过程进行专业化的设计。这类学习系统通常是由进行基础教育的学校或者学校和企业合作来举办的，它们汇聚全国各地的优秀师资、优质的学习资源来为学习者提供服务，这类学习系统以为学习者提供学习服务从而获得经济利益为目的，因此在使用辅助教学式在线学习系统进行学习时，需要相应的资金支持。

3.学分认证式

学分认证式在线学习系统主要是面向成人高等教育，是对成人学习者进行的一种继续教育。它是一种类似于传统学校教育的网上教学系统，具有学校教育的一切功能，包含教育教学的管理机构、教学机构、考核机构等。通过考试来招收学习者，考试合格后方可进入学习系统中参加正常的学习，学校教学采用学分制，学习者通过课堂上课、课后作业、最终考试等形式来获得学分，学分修满后获得国家承认的学历证书。进行这类学习的学习者大多是在工作岗位上的工作人员，因此授课时间通常设在中午、晚上或者周末、节假日等休息时间里，采取网络课堂或教学点面授的方式展开。

三、在线学习的要素

（一）在线学习的基本要素

从系统论的角度来看，每个系统都是由不同的要素构成的，系统范畴具有普遍性。世界上存在着各式各样的系统，但是，无论什么样的系统都是由要素组成的，在线学习作为一种教育活动，也是人类社会系统的一个子系统，它也是由要素构成的。依据系统论的观点，对于在线学习要素的选择首先要坚持系统与要素的关系，把握要素所具有的一般性特征。

从本质上而言，在线学习与传统学习是相同的，它们都是为了让学习者达到具体的目标而进行的有组织的、有计划的认知活动。但从教学过程上来看，在线学习和传统学习有着本质的区别。传统的学习比较注重老师在教学中的地位和作用，学习者的整个学习过程都是在老师的监督与控制之下进行的，老师在整个教学过程中占据主要地位，起着主要作用；而在在线学习环境中，学习者的学习活动主要是通过计算机网络来进行的，通过计算机来与外界进行交流与沟通，这种情况下，学习者便成了整个学习过程的主人，老师起到的作用相对来说就很小了，主要是以引导者的身份出现的。

在线学习过程中，中心部分是学习者的学习以及教师的辅导，它将学习者的学习作为整个活动的中心，以教师为主导、以学习者为主体。在外部环绕的是资源环境，它犹如一个地球的大气层，将教师的教和学习者的学包围在其中，为整个教学活动提供养分，是在线学习系统存在的必要前提，没有资源，教师与学习者之间的教学活动便缺乏存在的可能。在资源环境的内部有一个师生交往的空间，这是教学实施的本质所在。网络教学平台是支撑在线学习系统中其他要素的基础，它是教师与学习者在进行网络化教学过程中所使用的基本工具，是网络资源借以展示的基本手段。中间部分师生的交往，包括教师辅导、学习者协作、自主探究等内容，它是教学过程要素的中间环节，是连接其他要素的桥梁，也是实现教学价值诉求的核心要素，教师的主导作用、学习者的主体作用在这里得以充分体现。

在整个在线学习的过程中，主要有三大部分：在线学习的主体要素、客体要素以及组织形式。在线学习的主体要素是指在线学习系统的使用者，包括在线学习的学习者和指引学习者在线学习的老师两部分因素；在线学习的客体要素主要指进行学习活动时所需的学习工具、学习资源等，例如：网络课件、电子图书、虚拟实验室等。因此，在线学习通常包含四个要素：学习者、教学者、学习资料、学习支持与服务系统。

整个在线学习的学习过程就是教师和学习者利用在线学习系统所提供的学习工具、学习资源等来进行同步的、异步的教育教学活动的过程。

（二）在线学习的影响因素

在线学习的一般流程是：学习者点击在线学习平台，注册登录，选择学习课程，即可开始这门课程的在线学习。学习过程之中，可以参加网上提问、论坛讨论等活动。每章节学习过程中，在课堂练习中进行作业。整门课程完成后，参加网上考试，获得相应成绩。

从在线学习包含的要素分析影响在线学习质量的因素，主要有如下几个方面：

1.学习者自身方面

来自学习者自身的因素是影响在线学习质量的最主要因素。由于受传统教育根深蒂固的影响，我国学习者对网络学习方式表现出不适应，自我监控能力不强，不能形成自主使用网站学习的习惯。有调查认为，学习者对在线学习方式不适应、自控能力差是在线学习质量差的主要原因。

2.教学者方面

如果教学者的在线答疑辅导很少、课程论坛得不到及时回复，容易影响学习者的积极性；受交互工具所限，学习者与学习者、学习者与教学者之间的交互很难发生；教学者在线教学能力不过关，习惯于传统教学方式的教师往往不能很好地适应在线教学方式。

3.学习资源方面

在线学习资源很大程度上仍然基于课堂搬家，缺少整合，与实际缺少联系，难以吸引学习者注意力并激发其学习积极性和好奇心；现有的在线资源重复的太多、优质的太少；在线教学机构在课程设置、资源开发上很少考虑学习者年龄特征、学习特点，针对性不强，个性化学习质量大打折扣；缺乏学习策略与反思指导，学习策略和互动设计没有很好地融入在线课程中。

4.在线学习支持与服务系统方面

在线学习支持与服务系统的交互工具、视音频的质量、界面的美观性、系统易操作性、系统安全性和稳定性及网络传输的流畅性等，这些因素都会影响到在线学习的质量。另一方面，学习者遇到困难时，如果问题不能得到及时解决，积极性会大打折扣，在线学习的质量也将无法保证。因此，应当有优质的在线学习支持与服务系统，使得学习者能够便利地获得帮助信息。

（三）在线学习的学习者

在线学习的学习者在年龄与性别、学历与专业、职业与经历、素质与能力、兴趣与爱好、个性与习惯，以及学习者的学习动机与目标、学习能力与态度、学习策略与方法等方面差异明显。而在线学习的特点决定了学习者以自学为主，学习者的大部分学习时间与教师和其他学习者是分离的，没有教室，更没有课堂的氛围，这些特点会使得许多刚刚开始在线学习的学习者不可避免地遇到一些困难或有些不习惯。

因此，研究在线学习者的学习特征和学习动机，分析在线学习对学习者的要求以及学习者必须具备的相应能力，能够使在线学习者更好地进行在线学习。

1.在线学习者的学习特征

（1）弱受控性特征

一是学习资格获取的弱受控性。在线学习入学资格获取的难度远低于校内教育。学习者的学习目标也大相径庭，混学历和走过场的现象比较普遍。二是管理方式的弱受控性。在线学习活动具有较明显的随机性，在线学习者完全可以是自由地或准自由地计划和安排自己的学习活动。

（2）自主性特征

在线学习过程是学习者在一个相对独立的环境下，主动获取各类数字化教学资源、通过与教学者和其他学习者的在线信息交流最终完成自己的知识构建过程。由于在线学习中教与学的时空分离，以及远程学习的弱控制特征，学习者主要是依靠自己确定是否学习、学习内容以及如何学习，个体的自主性特征起到决定性作用。

（3）协作性特征

由于在线学习师生之间的时空分离，造成师生之间、生生之间缺乏实时人际交流、讨论和答疑辅导等问题，因此，在线学习中的协作学习应运而生。协作学习是指若干个学习者在具有一定结构的协作小组中学习，共同完成一个或几个学习任务，以达成共同的学习目标，使组内的全体成员都能在相互促进的学习过程中获取知识、培养社交技能。远程教育者探索出了基于计算机网络构建的包含良好互动活动的协作学习环境，实现了教学交互和协作学习，学习者的积极性与参与度大幅提升。

（4）社会性特征

在线学习中学习者通过交互工具间接实现了社会交往过程。与传统课堂面授教育相比，师生之间、生生之间在在线学习期间形成了临时的小规模社会群体。这个群体按照一定的组织结构有规律地进行教学活动。其中，学习者可以匿名进入学习社区，学习者某些属性特征可以被隐藏，而另一些属性特征被夸大突出，使得具有某种相同属性的学习者集合成一个社群。在这样的学习社区中，学习者从观望者变成积极参与者和组织者，从而形成了具有特有文化价值体系的学习活动。

2.在线学习者的学习动因

在线学习者的学习动因将发挥行为动力作用。学习动因分为内在动因和外在动因两大类。一般而言，不同的学习动因，产生的学习动机不同，表现形式也不同，最终达到的学习效果也不同。

（1）内在动因

认知内驱力是一种最重要、最持久和最稳定的内在动因。在线学习者学习的主要目的是为获得相应的专业知识或在职培训。因此，在线教学者必须要深入分析、激发学习者的学习动力。一部分在线学习者由于对所学课程内容具有浓厚兴趣，知识的习得本身就是对他们的奖励；另一部分在线学习者的学习目的主要是为获得相应的学历或合格证书，因此，在线教学者就必须认真组织学习材料和考核方法。无论学习者具有何种内在动力，在线教学者都需要以在线学习的学习者为中心，重点考虑教学内容和评价环节，大力激发学习者的学习内动力。

（2）外在动因

学习者的外在动因涵盖客观事实的方方面面，如家长期望、学习目标、单位与社会的需要等目的，如何将外在动机转化成为内在动机同样重要。在线教学者需要采用外在调节、内摄调节、认同调节和整合调节四种不同方式、不同层次的调节手段，使在线学习者的外在动机内化。

在线学习教学者在教学设计和指导行为方面应当努力促进学习者外在动因的内化。在此过程中，要更加注重促进学习者的自主整合调节水平的提高，这是外在动因内化的实质性提高。此外，研究表明，教学者对学习的支持行为中，自主支持可产生最直接的促进作用，而胜任激励支持和人际支持可以间接对动因内化产生促进作用，进而影响到学习者的成绩。

3.在线学习者应具备的能力

学习能力是学习者在正式或非正式的学习环境下，顺利完成学习活动任务的本领，是学习者独立获取、加工和利用信息以及分析与解决实际问题的能力。学习者的基本学习能力主要反映在学习方式与方法、学习习惯、学习意志、学习心智、时间管理等方面。

自主学习是一种现代的学习方式，它以学习者为学习主体，通过学习者独立地分析、探索、实践、质疑、创造等达成学习目的。与传统教育的强约束力不同，在线教育主要是纯自学的模式，其对学习者的约束力相当有限，所以学习者个体的自主学习能力十分重要，学习者只有具备了一定的自主学习能力，才能独立、自律、自治地完成学习任务。在线学习要求学习者首先应具备以下两方面的能力：一是始终保持自发的学习动力。在线学习者的学习动机各式各样，但不外乎提高学历、增加技能、在职充电、扩展职业范围等。他们一般具有较强的学习动机，较明确的学习目的，但是在以后长达几年的学习过程中能否保持住由此产生的学习动力是决定其学习成败的关键。二是主动探索的精神。在线学习者（或未成年学习者的监护人）应该有能力确定在学习上投入多少时间，制订自己的学习计划，选择并逐渐适应一种学习方法。

4.在线学习者学习的要求

在线学习中，网络等媒体提供给学习者学习机会的同时，学习者也应学会适应网络学习方式。那么，学习者应做到；一是掌握网络学习的基本技能。二是激发潜在的学习动机。三是学会调整自己的学习情感。在网络学习中常常会有孤独感，学习者应在这个开放的平台中主动参与讨论，交流知识和经验等。四是提高自己的元认知技能（元认知就是对认知过程的积极计划、监控、调节的技能，从而提高学习效率）。

另外，网络系统也应为学习者提供适应性学习支持。根据学习者不同的学习背景、知识基础、学习风格、学习能力等个体差异建立学习者模型，利用人工智能技术进行推理，为学习者提供个性化的学习内容，从而提高系统对在线学习者的适应性。这样达到在线学习中学习者与系统的双向适应机制，使在线学习向更成熟的方向迈进。

第二节　在线教育支持服务的内容与活动

一、在线学习支持服务概述

（一）在线学习支持服务的概念内涵

学习支持服务这个概念是1978年英国开放大学的远程教育专家西沃特首次提出的，该观点逐步成为在线教育界的热点问题。在国外学者中西沃特对学习支持服务的定义是：学习支持服务是一种组织形式，通过这种形式学习者可以充分利用机构的教学服务设施。英国开放大学教育技术研究所主任，远程教育领域专家索普（Thorpe）的定义是：学习支持服务是在学习发生前、学习过程中以及学习完成后，能够对已知学习者或学习小组的需求做出反应的所有元素的集合。我国远程教育学专家丁兴富教授对学习支持服务系统的内涵做了系统性分析，定义是：学习者学习支持服务是远程教学院校及其代表教师等为远程学习者提供的以师生或学习者之间的人际面授和基于技术媒体的双向通信交流为主的各种信息的、资源的、人员的和设施的支助服务的总和，其目的在于指导、帮助和促进学习者的自主学习，提高远程学习的质量和效果。

基于上述研究，在线学习支持服务是指在线教育机构（院校）为指导和帮助在线学习者自主学习，实现学习者学习目标，通过各种形式和途径提供的各种类型的服务的总和。包括以师生或学习者之间的人际面授和基于技术媒体的双向通信交流为主的各种信息的、资源的、人员的和设施的支持服务。

（二）在线学习支持服务的作用意义

在线学习的学习环境是开放式的，需要学习者具有较强的自主学习能力。而自主学习能力并非与生俱来，学习支持服务能够针对不同学习者的不同需要提供个性化的定制服务，帮助学习者确定目标、选择学习内容等，对于提高学习者的学习自主性以及学习质量具有重要意义。在线学习支持服务的目的是指导、帮助和促进学习者的自主学习，学习支持服务是否完善、高效和到位，直接影响到在线学习的质量。

（三）在线学习支持服务构成要素

在线学习支持服务系统基本构成应包含以下要素：

1.门户网站

门户网站是在线学习中与学习者见面的第一站，也是发布信息的主要途径。学习者登录门户网站后，可以找到一些常见问题的解决办法、寻求帮助的一些途径、与自己相关的一些资源（如必备软件、教师及同班同学联系方式等），以及下一级系统（如学习平台、邮件系统等）的入口等。通过门户网站，学习者可以方便地利用学习平台，选择适合自己的专业和自己喜爱的课程进行学习。

2.学习平台

学习平台是一个包括在线教学和教学辅导、网上自学、网上师生交流、网上作业、网上测试以及质量评估等多种服务在内的综合教学服务支持系统，它能为学习者提供实时和非实时的教学辅导服务。学习平台一般由管理系统模块、学习工具模块、写作交流模块、网上答疑模块、学习资源模块、模拟实践模块、智能评价模块及维护支持模块等组成，旨在帮助系统管理者和教学者掌控各种教学活动与记录学习者的学习情况及进度。凭借该学习平台，教学者可以安排各类教学活动，为学习者的学习过程提供学习支持服务。

3.学习过程服务

组织实施在线学习整个教学和学习过程可以包含入学服务、学前准备服务、管理服务、毕业服务四个主要的服务方面：

（1）入学服务

入学服务是学习支持过程服务的初始环节，第一个与学习者直接面对面接触，肩负着宣传在线学习的特点与优势、转变学习者思想观念、梳理自主学习的学习态度、帮助学习者建立在线学习认识的责任。入学服务质量的好坏，直接影响到在线学习的影响力。

（2）学前准备服务

学前准备服务是学习者顺利进行自主学习的重要保证。学前准备服务是学习者开始正式学习之前的一些准备活动，是在线学习支持服务中的一个必备环节，为学习者提供完备的课程信息查询服务，方便快捷的学习资料发送服务以及教育技术和学习技巧培训。

（3）管理服务

管理服务是整个在线学习过程服务的核心。通过融入自主学习的教学途径，配合教学为学习者提供学习指导，提供学习材料等管理服务。

（4）毕业服务

毕业服务是学习支持服务系统的最后一个环节，学习者毕业后还需要专业化的个人就业、事业发展服务，有的学习支持服务采取的措施是在系统平台上设立人才数据库，对学习者的就业或个人发展情况进行跟踪和指导。

4.评价反馈

评价反馈的最终目的是要对服务系统做更合理的修正。对学习者在不同学习阶段所呈现出的不同学习需求，教学者要通过过程和结果反馈信息，不断对学习支持服务内容进行调整，进一步完善教学质量监控与支持服务保障体系。评价反馈可以通过学习者入学情况调查、学习者自主学习情况调查、学习平台使用调查、教师素养和行为规范调查、学习中心服务效果调查、教学资源配置和使用调查、毕业生追踪调查等方式，收集相关信息，通过视频会议、专题调研、书面报告等反馈机制来梳理推广好的服务模式，通过评价—反馈—调节—整改，把过程反馈调节和结果反馈调节结合起来，进一步完善支持服务系统。

二、在线学习支持服务的分类与功能

根据学习支持服务主要解决的问题类型的不同，学习支持服务可以被分为学术性学习支持服务和非学术性服务。其中，非学术性支持服务又可以划分为管理性学习支持和情感类学习支持。

（一）学术性学习支持服务功能

1.信息服务

（1）信息发布。在线学习系统通过公共传媒、内部宣传或者网络等渠道向学习者单向发布注册信息、课程设置及选课指导信息、广播电视教学节目及其播出信息、面授辅导课程安排、作业布置及进度统计信息、实践性教学环节进度信息、检测和考试信息等。信息发布是一项最基本的学习支持服务。

（2）信息反馈与处理答复。在线学习系统要利用构建的各种师生双向通信机制，如人际面授交流、邮政信函、电话和语音信箱以及基于网络的通信方式，及时处理答复学习者学习过程中反馈出的个性化信息。学习者信息反馈的畅通与及时处理答复是在线学习支持服务的有效性和效率的基本标志。

2.资源服务

学习资源是指在线学习所创设的环境中，学习者在学习过程中可以利用的一切显现的或潜隐的条件。随着多媒体技术的发展，特别要重视网络资源的建设与共享，为学习者提供全面的资源支持。如文字教材、光盘、课件、微课程、慕课、网络课程等。

（1）课程材料发送。在线学习系统主要依靠系统内部和社会公共发送系统两种方式发送课程材料。与传统教育课程材料的发送相比，在线学习系统课程材料的发送更加关注其接收问题。因为仅仅考虑课程材料发送，而不考虑课程材料的接收，课程材料仍然不可能到达学习者手中，就不能构成学习资源环境，也无法实现有效的在线学习。

（2）图书馆服务。在线学习要求学习者学会学习、学会自学、学会不断主动获取信息，开掘有价值的资源，从而不断丰富自己、充实自己，成为成熟的独立学习者，实现终身学习，在这些方面，图书馆拥有的资料优势具有无法替代的价值。

（3）网络资源。为学习者提供网络资源的服务，将使在线学习的资源数量和质量都发生重大的飞跃。在线教育的教学者要设计并建设标准化、规范化的校园网及互联网的网络解决方案和教学专业平台；组织进行标准化、规范化的网络课程和网络课件等网络资源的建设并实现共享。

3.人员服务

（1）学业顾问。在线学习设有学业顾问，负责学习者在学习过程的各个环节的指导工作，在入学咨询、报名、考试、选课、交费、课程学习、毕业申报等学习全过程给予学习者指导和帮助，让学员的整个学习过程都能得到支持和服务。

（2）教学辅导。在线学习可以开展在线授课、在线辅导、在线答疑、考前串讲、在线答辩等活动。学习者在学习过程中遇到课程内容方面的问题、考前问题等，就可以通过教学辅导者来解决。这种学习支持服务可以通过集中辅导和个别辅导形式来完成；辅导内容可以通过授课形式、文字资料、语音视频等形式来传授。

（3）论坛讨论。学习者在论坛讨论板块可以畅所欲言，与教学者、同学讨论一些与学习相关的问题，促进大家的交流，营造一个和谐的在线学习环境，是实践性教学环节方面的讨论基地。

（4）回访学员。对学习者进行回访，主要是核对学习者的信息，与学习者进行简单沟通，了解学习者在学习过程中的需求以及希望得到什么样的助学服务，表扬那些平时做得很好的学习者，鼓励落后的学习者并给予积极帮助。这样做，让学习者有了很强的归属感，觉得自己是被关注的，学习积极性也更高了。

（5）问题解答。对于学习者提出的问题，一段时间要总结一次，把比较集中的问题发布在门户网站上，让学习者自己去找答案。这样既能够减少教学者的工作，又能够培养学习者的自学能力和信息素养。

（6）咨询答疑。咨询答疑是指师生之间的单向信息发布和双向问题咨询答疑。问题咨询分为两类，一是属于学习类的但不涉及具体课程教学内容的问题，如专业选择、学分转换、注册指导与咨询、教学模式、多媒体资源的选择和使用、作业提交与考核形式、考试策略指导以及学位授予等；另一是非学习类的问题，如财政资助、教学者交流策略、心理辅导等。

（7）学习者小组活动。这是学习支持服务系统中加强人际交流的另一种有效形式，学习者小组活动通过学习者之间互相研讨交流，提升学习效果。

4.设施服务

设施服务是指为学习者提供的各种教学实体设施和教学通信设施，可以由在线学习平台提供，但更多的是在各地的学习中心或社区中心就近提供。如教学基地、实习（实践）场地、图书馆、印刷中心、语音室、电子阅览室、在线学习平台、双向视频会议系统、计算机网络中心以及互联网接入设施等，面向在线学习者开展教学活动并提供各类通信设施和设备的服务。

5.对在线学习者的评价

对在线学习者的评价主要从作业、检测和考试等形式展开。作业、检测和考试的主要功能是帮助学习者更好地掌握所学的课程内容、应用所学知识解决各类实际问题。作业和检测称为形成考核，用以检查学习者的学习进度以及学习目标的实现程度，检查教育资源的设计开发质量和学习支持服务质量以及在线学习效果，它是实现在线学习个别化教学和个性化学习的重要途径和手段。

（二）非学术性学习支持服务功能

1.管理性质的支持

包括那些帮助学习者进行求学咨询、学前评估、图书馆服务等管理方面的活动和服务。

（1）为学习者提供个性化的学习咨询及日常管理服务。为使学习者更加轻松地接受在线学习这一形式，在线学习平台要为学习者提供包括招生入学、课程注册、教材收发、作业、考试、学分认定、学位申请、交费、毕业等各个环节的咨询和教学管理服务，为新入学的学习者建立完善的学籍档案，及时更新学籍信息，组织考试并完善成绩管理，另一方面还要根据个别学习者的需求帮助他们完成学分互认、免修免考、转学、转专业等需要。

（2）学习策略培训与培养，良好的学习策略有助于学习者快速地掌握学习的内容。非学术性学习支持服务为学习者提供好的学习经验和学习方法，使学习者能够采用适当的学习方法，掌握在线学习的必要技能，树立起远程学习的信心，产生强烈的归属感，而这些是保证学习者获得成功的必备条件。

（3）技术支持服务，为学习者提供在线学习技术指导、现代网络技术、在线学习平台的使用培训，使其掌握学习网站的访问与操作、资源和播放软件的安装和下载、电子邮件、微博及微信等网络交流方式。

2.情感方面的支持

这类支持是专门针对在线学习缺乏交流而提供的，包括提供学习者夏令营、帮助学习者组织学习小组、创设学习社区、提供心理咨询等。对学习者情感方面的支持，帮助学习者解决各种心理和情感方面的问题，缓解精神压力、消除孤独感、增强自信从而促进学习。

一是对于有些学习者可能由于时间安排不当或者学习与工作、家庭相冲突而引起的一些焦虑、烦躁，情感类学习支持服务可以根据学习者的特点为其提供个性化的帮助与服务，使他们真正享受到在线学习的乐趣，摆脱时间、地点、空间的局限，进行行之有效的学习。

二是情感支持服务。在师生的交流过程中，教学者要尊重学习者的独立人格，给予更多的关怀和鼓励。当学习者遇到学习困难时，要及时帮助他们解决问题，对学习者的心理障碍和情感缺失要赋予极大的同情心。通过建立良好的师生互动关系，发挥情感作用，提高学习者的学习效率。

三、泛在学习

随着泛在计算技术的发展，很多日常物品除了具备原有功能，同时还具有计算功能，可实现信息空间和物理空间无缝连接，这也使得将学习融入日常生活工作之中成为可能，从而实现在任何时间、在任何地点、以任何方式进行学习。

泛在学习的理念虽然出现很早，但是受制于现实技术条件，泛在学习的应用和开展并不广泛。如今，随着泛在计算等信息技术的快速发展，泛在学习已经逐步被人们了解和接受，泛在学习正在走入我们的生活，并将潜移默化地影响和改变人们的教学模式和学习方式。

（一）泛在学习的内涵与特点

信息技术的迅猛发展使得相关硬件和软件不断地推陈出新，手机、平板电脑、电子阅读器等已随处可见，且功能越来越强大。它们在给人们工作通信、生活娱乐等带来极大便捷的同时，也极大地方便了人们的学习。学习方式由传统课堂教学发展到数字化学习、移动学习，乃至未来的泛在学习（Ubiquitous learning，简称U-learning）。

1.泛在学习发展

历史上对泛在学习的最早描述可追溯到南宋时期，著名理学家朱熹曾经说过："无一事而不学，无一时而不学，无一处而不学，成功之路也。"他在这里指出了以任何方式、在任何时间、任何地点进行学习的重要性。

对于泛在学习这个术语最先由谁提出，学术界观点不一。但关于泛在学习概念的起源大多数学者已达成了共识：泛在学习是由"泛在计算"衍生而来，1988年美国富士施乐公司（Xerox）帕拉阿尔托研究中心（PARC）计算机科学实验室的马克·威瑟（Mark Weiser）第一次提出泛在计算

（ubiquitous-computing）的概念，他认为泛在计算是指无所不在的、随时随地可以进行计算的一种方式，他的基本设想是把计算机微缩成各种大小芯片嵌入每件事物中，通过广泛存在的计算机和无线通信悄无声息地为人们服务。泛在计算技术涉及无线通信技术、人工智能、超微型计算机集成技术和软件工程技术等。泛在计算的最高目标是使计算机广泛存在而且不可见。正如马克·威瑟在"21世纪计算机"（The Computer for the 21stCentury）一文中所说的，"最深刻的技术看似是消失的，它们融入了每天的生活当中以至于不可分辨了"。泛在学习是泛在计算技术支持下的一种新的学习方式。在此基础上，其他国家学者先后提出了类似的概念。

进入21世纪后，一些发达国家纷纷将泛网时代作为国家科技发展的一项重要目标。日本于2004年5月正式提出了以发展泛在社会为目标的"U-Japan"计划构想。该计划在泛在（ubiquitous）的基础上增加了"universal"（宇宙的、普遍的）、"user"（用户）和"unique"（独特的）三个特性，构成了4U的政策理念。universal是指超越各种时空限制，将每个人和每件设备相互联系起来，使任何人都可以不受环境和设备的限制，从而快速方便地使用信息通信技术；user是指充分从用户的角度出发，技术和服务紧密围绕用户开展，把用户需求放在第一位；unique是指营造的社会环境既要尊重个性，又要富有活力，在未来社会中，每个人能够施展所长，整个社会能够不断创新。日本的"U-Japan"计划不仅关注信息化基础设施建设，更关注信息技术的全面渗透和信息化环境的充分利用。

2004年，韩国信息通信部制订了"U-Korea"计划，主要是通过大力加强信息基础设施建设，不断拓展技术业务，着力发展下一代移动通信、数字电视、家庭网络、嵌入式软件、远程信息服务和智能服务机器人等项目，加快国家通信信息化建设。

新加坡先后提出了"智能岛"计划（IT2000计划）、"21世纪资讯通信技术蓝图""连城"和"下一代I-Hub"等国家信息化发展计划，通过发展建设一个安全、高速、无所不在的网络，来加快通信信息技术的发展。

泛在学习在我国也引起了许多专家学者和教育机构的重视和关注。2004年12月2日，由中国电子信息产业发展研究院主办的首届"中国泛网论坛"

在北京召开。广播电视大学等高等教育机构也陆续对泛在学习开展理论和实践研究，如在远程开放教育中，通过纸质媒体、广播电视、计算机、手机、X-Pad电子书等传播手段，为学习者提供学习资源，取得了一些重要研究成果。目前我国在国家层面上虽然还没有明确提出"U-China"的概念，但是面对泛在网络的发展趋势，我国在通信信息领域的建设也在不断推进。在我国2008年北京奥运会中，就已经使用了一些泛在网络技术。

泛在网络、泛在计算的发展为泛在学习提供了技术基础。但是，泛在学习的发展除了需要技术支持外，还需要与具体的教育教学结合起来，具体落实在教学环境、教学方式、教学资源、学习服务、教学管理机制等方面。

2.泛在学习内涵

目前，对泛在学习的理解主要有以下几种：

第一种理解即在泛在计算条件下的泛在学习。网络技术将高速互联网、高性能计算机、大型数据库、传感器、远程设备等融为一体，所有物品和设备，只要对它们有管理的需要都可将它们连到网上，构成一个无处不在的泛在网，基于这个网络系统和数字化资源，学习者就可以在任何地方、任何时间利用手边可以取得的工具进行学习，即3A（anywhere, anytime, any device）。也有专家将3A拓展为7A来描述泛在学习，即任何人（anyone），在任何地点（anywhere）、任何时间（anytime），利用随手可得的任何学习设备（any device），以自己的学习方式（in anyway），获取自己所需的学习信息（any contents）和学习支持服务（any learning support）。从技术的角度分析，人们又把这种泛在学习分为：可穿戴计算模式、信息设备模式和智能交互空间模式。

第二种理解是"人人、时时、处处"的泛在学习。这是从终身学习和学习型社会的角度分析的泛在学习。这一理解的重点是在一个广域的学习环境下学习者能够在任何地方随时获得自己想要学习的任何资源。这种定义强调学习型社会建设需要建立学习资源共享机制，需要减少错误信息、虚假信息，需要建立相应的管理制度，提高全社会的科学素养和文化素质，为学习者利用共享学习资源进行有效学习提供保障。

第三种理解是远程开放教育的泛在学习。这是从教育学角度分析的泛在学习，是指教育机构提供的正式学习教育机构或者教师要创设适合学习者需要的泛在学习环境，要选择适合的学习内容，要设计专门的学习资源，要安排学习过程和学习活动，要为学习者提供全面的学习服务，要组织学习评价，并不断改进。这种定义中，泛在学习是在其他学习方式基础上发展而来的，与数字化学习等方式相比较，泛在学习不用坐在教室或计算机前，学习者可以随时、随地、随身地进行学习，学习的灵活性满足了信息化条件下人们对信息获取的需求。

3.泛在学习特点

泛在学习是信息化学习的一个特定的而且是最新的发展阶段，它具备信息化学习的本质属性和特征，同时泛在学习也具有一些个性化特点。

（1）即时性（Immediacy）。不管学习者在哪里，他们都可以即时地获取信息，因此学习者可以迅速地解决问题，或者可以记录问题并在事后寻找答案。

（2）可获取性（Accessibility）。学习者可以在任何地方、任何地点获得他们所需要的文档、数据和视频等学习资源，这些学习资源的提供是基于学习者自身的需求的，因此学习是一种自我导向的过程。

（3）交互性（Interactivity）。学习者可以同步或异步地与专家、教师或学习伙伴进行交互。因此，专家的作用可以得到更好的发挥，知识也可以得到更加有效的利用。

（4）永久性（Permanency）。学习者不会失去学习成果，在不特意删除的情况下，所有的学习过程都会被不间断地记录下来。

（5）适应性（Adaptability）。学习者可以以适合自己的方式获得适合自己需求的信息。

（6）教学行为的场景性（Situating of instructional activities）。学习可以融入学习者的日常生活中，学习者所遇到的问题或所需的知识可以以自然有效的方式被呈现出来，这可以帮助学习者更好地注意问题情境的特点。

（7）真实性（Authenticity）。泛在学习的"真实性"并不是指完全将学习者带离学校教育环境而回归真实的现实世界（虽然泛在学习往往具有这样的优势），而是指学习的真实性与可靠性，包括真实的问题情境（问题常常是"真实的"，是"值得解决的"，而不是凭空想象的）；学习支持与资源的真实性；学习环境的可靠性；学习行为的真实性；学习评价的真实性；学习者真的学有所获。学习可以真实地融入学习者的日常生活，学习者面临的问题或习得的知识是自然世界里真实可信的。

（8）协作性（Collaborative）。学习者可以在计算机支持的广泛协作学习环境中实现社会知识建构和共享的社会认知过程。

（9）自然性（Naturalness）。泛在学习的自然性主要是指：泛在学习可以使学习者回归自然的学习环境；泛在学习的技术支持具有自然性，学习者甚至意识不到技术的存在；泛在学习的学习者以自然的方式进行学习，学习者是学习的主体与中心。"自然的学习"充分重视学习者的个人需求、偏好、学习风格与学习经验，允许学习者在一种"自然的（非外力控制的）"的学习环境中以自然的方式进行学习。

（10）整合性（Integrality）。泛在学习的整合性主要包括学习工具的整合、学习资源的整合、学习过程的整合、学习成果的整合、学习方式的整合和学习环境的整合。学习工具的整合性是指各种学习设备的服务具有整合性。学习资源、学习过程与学习成果在泛在学习中将被有效地整合在一起，使学习者在不同情景和环境中的学习具有连续性。学习方式的整合性是指泛在学习可以整合远程数字学习与面对面的学习，整合正式学习与非正式学习，整合个别化学习与协作学习等多种学习方式。学习环境的整合是指泛在学习环境整合了物理的、社会的、信息的和技术的多个层面和维度，可以为学习者提供一个可以随时加以利用的"无缝学习环境"，各种教育机构、工作场所、社区和家庭将被有机地整合在一起。

4.泛在学习"六大关系"

为了更好地说明泛在学习，下面详细介绍泛在学习与泛在计算、传统课堂学习、数字化学习、移动学习、终身学习、后现代远程教育等概念之间的区别。

（1）泛在学习与泛在计算

泛在计算是一种深度嵌入计算模式，通过将现实世界中一切具有计算能力的设备连接起来，达到信息空间与物理空间的融合，在这个融合的空间中，人们可以随时随地、便捷地获得数字化服务。泛在计算希望把计算机放回到它应有的位置，重新定位于环境这一背景，使人的注意力更多地集中于人与人的交互，而不是人与机器的交互，强调和环境融为一体，而计算机本身则从人们的视线中消失。

泛在计算与广义上的"泛在学习"并无必然联系。但在狭义的泛在学习语境下，以泛在计算为核心的信息技术是一种必不可少的支撑要素。泛在计算在人类学习中的应用，最重要的就是为学习者构建一个泛在学习平台或环境。当然，在泛在学习中，泛在计算技术并不一定只是单一的外围支持角色，它也可能是一种认知工具，扮演学习伙伴的角色，或者是直接的学习目标等。

（2）泛在学习与传统课堂学习

传统课堂学习在时空上相对固定，教学参与者在教学过程中的角色明确，教学过程严谨有序，但传统课堂学习的缺点也是非常明显的，如教学资源难以广泛共享、学生的学习主动性容易被忽视等。

泛在学习具有较强的信息交互性，学习者可以源于共同的兴趣爱好、关注点、目标和技能等，通过同步或异步的方式进行信息的交互、学习的交互，并在与他人交流中获得知识和灵感，从而提高学生的学习兴趣，促进学习，提高绩效。泛在学习可以向学习者提供更为良好、便捷的学习条件，使教与学真正不受地域、时间以及学习者自身条件的限制，以信息化技术手段实现教育的灵活性。泛在学习使学习者在得到计算服务的同时，无须觉察计算机的存在和为此而分心，从而使其注意力回归到要完成的学习任务本身，学习的目的性更加集中。在泛在学习中，学习者不单是资源的使用者，也可以通过资源上传、资源推荐、自由评论与交流等形式成为构建学习资源的主体，从而实现资源的共建与共享。泛在学习与传统课堂学习区别见表3-1。

表3-1　泛在学习与传统课堂学习区别

项目	传统课堂学习	泛在学习
学习时间	相对固定	任何时间
学习空间	相对确定	任何地点
主体	教师、学生	教学者、学习者、社会人员
知识	稳定、有序	开放、混沌
学习过程	有组织、灵活性差	自发的、灵活性强
学习评价	教师评价	自我评价
学习资源	教师建设、基本静态	共建共享、动态变化

（3）泛在学习与数字化学习

数字化学习在广义上常指利用计算机与通信技术来支持学习、优化学习效果。用于支持数字化学习的设备可以是个人计算机、数字电视、个人数字助理（PDA）、移动电话等各种数字设备，以及网络交流工具（如邮件系统、论坛等）等软件系统。可见，数字化学习虽然利用信息技术为学习者创造了数字化、网络化学习平台，但并不意味着必须像学校教育中将学校固定为"学习环境"那样将数字化学习固定在桌面计算机前，它可以利用各种各样的数字化工具与软件。数字化学习的本质是强调学习者对数字化、网络化学习资源与工具的利用，关注数字化虚拟空间与学习者已有的学习空间（包括物理空间与智力空间）的交互，这与泛在学习的本质具有一致性。

信息技术的发展影响着数字化学习的发展程度。比如，在计算机还没联网之前，数字化学习常常体现为单机版的CAI，计算机联网之后，数字化学习又常常体现为在线学习。随着信息技术的发展，尤其是泛在计算模式的出现，计算机的广泛应用与深度嵌入使得每个学习者可以利用多台计算机，学习者有可能随时随地利用数字化、网络化学习资源与工具，同时也拓展自己的交互空间。因此，可以认为数字化学习发展到更高级阶段，就进入了泛在学习，或者泛在学习是比数字化学习更高级、更广泛的一种学习方式。

（4）泛在学习与移动学习

移动学习指基于无线通信技术支持的、通过利用具有便携性的移动通信设备（如手机、笔记本电脑等）进行的学习。"移动"一方面指学习者处于"移动"状态，相应地，学习环境也具有"移动性"，另一方面也指学习设备与学习资源的可移动性，因此，需要利用具有便携性、使用简单、启动时间短的学习设备。

泛在学习基于泛在计算技术的支持，虽然在许多时候也需要用到无线通信技术与一些便携性学习设备，但并不局限于此。目前，以实现"泛在计算"三种模式（可穿戴计算模式、信息设备模式和智能交互空间模式）为主，与移动学习相比，泛在学习在技术支持与学习设备应用方面具有更为丰富的使用空间。

另一方面，在学习的"嵌入性"与支持学习交互方面，泛在学习也比移动学习具有更为丰富的内涵。斯坦福学习实验室（SLL）的研究表明：处于"移动"状态的学习者，注意力往往是高度"分散"的，而且学习者往往是在一定的"零碎"时间中进行学习，学习者需要具备"碎片"式学习经验与进行知识获取的主动性。跟移动学习相比，泛在学习的嵌入程度更高，支持的学习类型更多（比如，并不局限于对"移动"式学习的支持，而且可以支持学校学习、社区学习、工作场所的学习等）。移动学习更多地强调学习者与移动设备的交互，强调学习者通过移动设备与学习内容的交互以及与其他人的社会性交互。泛在学习不但支持上述交互类型，而且支持学习者与现实世界（物理环境）的交互。

（5）泛在学习与终身学习

推动终身学习是世界各国应对社会发展需求的重要手段。虽然终身学习强调更多的是一种学习理念，而泛在学习更多地强调利用信息技术对泛在的学习需求的支持，但泛在学习与终身学习在理念层次具有一致性。同时，泛在学习也有望为以终身学习为理念基础的学习型社会的构建提供有力支持。

终身学习具有两大特点：一是学习的持续性。在学校（包括中小学、大学等）所获得的知识不可能满足一个人的终身发展需求，人们需要不断地学习新的知识与技能以促进自己的职业生涯发展。二是学习的情境性。英国政府在1998年发布的终身学习绿皮书——《学习时代》中明确指出：未来，学习者不必局限于特定的学习场所。他们可以在家里、工作场所、图书馆、购物中心、大学等各种各样的地方进行学习。人们可以通过宽带媒体以在线方式进行远程学习。政府的努力目标是帮助公民在他们所选择的地点进行学习，并根据他们当时所处的情境提供最为适当的学习支持。终身学习非常强调学习的情境性、实践性与知识的建构性，重视学习与生活、工作的关联性，强调协作多于强调竞争。

泛在学习本身关注学习者泛在的学习需求与不同的学习特点，尊重学习者的主体地位，旨在为学习者提供泛在的、适宜的学习支持，有助于增强学习者的学习体验，促进学习者对知识的主动建构。同时，支持泛在学习的核心技术——泛在计算技术，是未来信息技术的重要发展方向，使信息技术服务于教育、优化教育，可以有效地支持教育信息化，使得人人皆学、时时能学、处处可学，而这正是以终身教育理念为指引的学习型社会构建的重要宗旨。

（6）泛在学习与后现代远程教育

近年来，许多学者从"后现代主义"视角讨论远程教育，提出"后现代远程教育"的概念，认为远程教育是"以师生的准永久性分离为基本特征，以技术性的教育手段与方法、开放性的教育内容与形式和后现代性的教育目的、教育观念为本质特征，开展教与学的过程的后现代教育形式。"是"当代社会最富于前途的教育形式"。有学者认为泛在学习与后现代主义、后现代教育在理论上有共通之处，可以将泛在学习称为"后现代远程教育"。

在后现代主义视角下，教育"要做的不是寻求一条最好的途径，而是寻求不同的途径以到达不同的目标"。后现代教育在教育目的上反对"完人教育"；在教育观念上强调"开放性"是其首要特征；在教育策略上强调个性化教学，强调对学习者个性与差异性的尊重，认为人的主体性具有"多样性""复杂性"和"不确定性"。教育的本质被更多地理解为学习者获取信息和自主选择、自我学习、自我教育的过程。有学者认为，"后现代主义是远程教育发展的认识论与方法论的基础，但后现代主义的知识观、技术观、教育观等，在现代远程教育中只是部分地实现了，而在泛在学习那里才能达到恰如其分地实现，因而泛在学习可以称之为名副其实的'后现代远程教育'"。

泛在学习与后现代远程教育虽然两者的理念与教育内涵在很大程度上具有一致性，但并不能完全等同。泛在学习并不完全是以"远程方式"实现的，在一定意义上，泛在学习的外延仍然大于"后现代远程教育"。

四、泛在学习的教学模式

"模式"一词是英文"model"的汉译名词，它还可译为"模型""范式"等。一般指被研究对象在理论上的逻辑框架，是经验与理论之间的一种具有可操作性的知识系统，是再现现实的一种理论性的简化结构。美国的乔伊斯（B.Joyce）和韦尔（M.Weil）在《教学模式》一书中指出："教学模式是构成课程和作业、选择教材、提示教师活动的一种范式或计划。"将"模式"一词引入教学理论中，是想以此来说明在一定的教学思想或教学理论指导下建立起来的各种类型的教学活动的基本结构或框架，表现教学过程的程序性的策略体系。教学模式是一定的教学理论或教学思想的反映，是一定理论指导下的教学行为规范。

随着科技的发展，泛在学习的产生是一种历史的必然，泛在学习在教育领域的具体实现还需要在教学模式上进行不断探索，在泛在教育环境、泛在教育方式、泛在教育资源以及教学服务等方面进行变革。

（一）泛在学习的环境

教学作为一种人与人之间传递特定信息的活动，总是在一定的环境中进行的。教学环境就是指那些能够促进学习者身心发展的条件、力量和各种外部刺激因素，泛在学习环境涉及学校环境、家庭环境、工作环境、技术环境和社会环境。在教学中开展泛在学习的关键在于将泛在计算技术应用于学习和教学活动中，其前提就是教育机构或者院校要设计和构建泛在学习的环境。泛在学习的环境需要解决三大问题：第一，必须要把教学环境和非教学环境区分开来；第二，要建立教学活动和教学环境的内在联系；第三，必须要实现教学客观环境和人的主观反应的统一。

泛在学习的环境是一种整合的环境，它整合了物理的、社会心理的、技术的和信息的多个层面和维度。物理层面包括教育机构、工作场所、社区和家庭等；社会心理层面涉及教育者、学习者、朋友、工作伙伴等；技术层面则包括固定的、移动的，数字的、模拟的等各种类型信息设备；信息流动则把它们连接在一起，多种类型学习设备之间能够互操作，各种空间透过移动计算技术的桥接实现对用户的"透明"，所有这些构成良好的学习氛围。

泛在学习的环境具有以下特点：

（1）具有特定的环境区域，但每个区域同时也是一个开放系统，受到外界影响的同时，也向外辐射，是外在封闭与内在开放的有机统一体。

（2）具有特定的环境主体。教师和学生是学校教学环境的主体，网络环境里这种主体更加泛化，包括不同的圈子、社区、学习共同体等。正是在不同环境区域下的不同环境主体的交往和相互作用才构成了不同泛在学习系统的社会心理氛围和稳定的社会心理环境。

（3）具有特定的环境内涵。这是远程教育机构所提供的有别于其他泛在教学环境所独有的环境内涵，有以下几项规定性：第一规范性，符合远程教学的一般规律，又符合远程学习者的身心发展这一特殊要求，因此环境建设备方面要符合育人的规范要求；第二可控性，教学环境具有易于调控的特点，人们可以根据教育的需要不断对其进行调节控制，获取和发展积极意义的因素，消除和抑制不符合要求的因素，使教学环境朝着有利于教学活动顺利进行的方向发展；第三纯化性，教学环境由于是在追求真理、发展身心等高尚目标的引导下建设的，因此相对于其他环境要相对纯洁。

泛在学习的环境必须要能够被教学人员感知、利用，并对教学人员的知识、情感等产生影响。这种影响有时是直接作用于教学人员的，但更多时候是通过间接的方式作用于人。泛在教学环境的技术实现主要依赖于泛在计算的技术实现。泛在计算的实现主要有三种模式：可穿戴计算模式、信息设备模式和智能交互空间模式。

①可穿戴计算模式。这种模式将计算资源、感知设备穿戴到人身上，以保证直接、持续的人机交互。比如，学习者可以将小型计算机和多种相关输入输出设备（头戴显示器、耳机、麦克风、摄像头等）佩戴在人身上，当学习者注视一个物体时，计算机可以把与这个物体相关的信息显示在头戴显示器上或调用相关语音解说信息；当学习者与别人对话时，计算机可以自动为学习者做记录等。

②信息设备模式。信息设备模式是指将计算、感知资源集成到人们熟悉的日常生活中的各种器具中，使这些器具具有人机交互的接口。泛在计算涉及的信息设备主要包括四大种类：信息访问设备、智能电器、智能控制器和娱乐系统。人们可以用平时习惯的方式来使用各种信息设备而在不知不觉中很自然地完成人机交互。

（3）智能交互空间模式。这种模式将计算机视觉、语音识别、墙面投影等多种计算资源、感知设备嵌入人们的日常生活、工作空间中去，隐藏在视线之外的计算机可以识别在该物理空间中的人的身体姿态、手势、语音等信息进而判断出人的意图并做出合适的反馈或动作。学习者无须限制在一个固定的地方，就可以用自然的人与人交互的方式，如语音、手势、姿态等，与系统进行交互并获得服务。

可穿戴计算模式是构建一种围绕在学习者身边的个人化学习环境的技术基础；信息设备模式强调的是拥有计算能力的物与物之间的互连和互通；智能交互空间模式强调的则是交互方式和交互界面的变化。信息设备模式的实现依赖于国家宏观层面的信息化基础设施建设，智能交互空间模式则可以看成是教学机构提供的泛在学习技术系统。

（二）泛在学习的方式

泛在学习的方式具有一切信息化学习方式的共性，但与数字化学习、移动学习相比，又有一定的差异性。从学习的视角出发，泛在教育中泛在学习的基本方式可以分为自主学习、合作学习、接受学习、探究学习和体验学习，泛在学习的方式基本以这五种方式为基础。这五种学习方式具有一定的相互关联性，它们也可以进行组合形成各种混合类型。

1.自主学习

自主学习是指学习者利用泛在学习环境所提供的信息技术手段和资源，将自己的学习行为作为监控对象，自我设计、实施、修正，充分发挥主体性的学习活动，其实质是在教学过程中充分发挥学习者主观能动性和相对独立性，并在主体认知生成过程中融入学习者自己的创造性见解，从而提高学习者独立解决问题的能力。

自主学习并不意味着不需要教师的辅导，不需要教学设计和安排。自主学习强调的是学习者独立、自主的学习，这种学习是在教师的指导下，学习者积极参与问题讨论，善于独立提出、分析问题，并尝试解决问题的学习。一般认为自主学习者应该具备制定学习目标、选择学习材料、设计学习活动、实施学习计划、调整控制学习活动和评估学习结果的能力。

在泛在学习环境中，对学习者自主学习的支持主要包括资源支持、导航支持、交互支持和管理支持。资源支持是指泛在学习环境要为学习者提供内容丰富的各种多媒体学习资源，营造良好的学习环境；导航支持是指为学习者提供所学内容的背景知识、学习目标、学习计划、资源等导航信息，方便学习者开展学习；交互支持是指学习者与教师、学习者对学习结果、学习者之间、学习者对教学活动可以及时进行评价，并得到反馈；管理支持包括资源管理、时间管理、学习过程管理等。

2.合作学习

合作学习是指学习者在小组或团队中为了完成共同的任务，有明确的责任分工的互助性学习。在泛在学习条件下的合作学习具有一般合作学习的特点，又因为与信息技术紧密结合而具有独特的性质，主要有：第一，泛在学习条件下的合作学习具有更大的开放性。基于信息技术的合作学习中的学习者，可以具有不同的年龄、经历、知识背景和能力，这种学习合作者的多样化使得人际参与的开放性在理论上得以无限延伸，使合作学习者可以在合作学习过程中获得更多的参与经验。第二，泛在学习条件下的合作学习体现了学习的活动性。在信息技术教学环境中，由于采用了电子通信、文件记录保存、信息处理等方式，大大减少了原本需要合作学习者完成的工作，使合作学习者可以全身心投入学习过程中去。第三，泛在学习条件下的合作学习表现出了中介手段的多样性。获取学习内容、学习资源、学习支持服务的方式灵活多样，合作交互活动增加了合作的渠道，合作学习的各种交互协作活动可以凭借信息技术来实现。

泛在条件下的合作学习基本设计步骤主要包括确定学习目标、选取学习内容、划分小组、构建合作环境和制定评价机制。确定学习目标后，根据学习目标选取合适的学习内容，学习内容一般以问题为主线逐渐展开，学习活动也是在解决问题的过程中进行的。要对学习者进行合理搭配，每个小组内的学习者要分配有效活动的角色。合作环境要根据学习内容的需要，构建适合合作学习的氛围。对学习的有效评价是学习活动的向导，合理的评价机制有助于合作学习健康地进行。

3.接受学习

传统的接受学习基本上局限于教室，那些不易进入教室的学习资源很难在课堂上显示，而在泛在学习条件下，信息技术为学习者创造了打破时空限制的学习环境，学习者可以随时、随地利用手边的信息工具进行学习，可以与教师、专家进行沟通，并获取各种学习资源，以往难以在教室显示的内容也可以通过信息技术呈现在学习者面前。在泛在学习条件下，教师可以随时制作、发布学习材料，学习者可以在任何时间、任何地点接收学习资源，获得教师的指导。

泛在条件下接受学习主要有三种实践类型：第一种是课堂讲授与课堂演示法相结合。信息技术作为一种新式手段进入课堂，可以帮助教师展示提纲、进行课堂演示，充分解决那些只是依靠教师的力量无法实现的教学。第二种是基于大众传媒的接受学习。基于大众传媒的接受学习是指利用印刷媒体、视听媒体，辅之以面授辅导所进行的学习活动。第三种是基于互联网的接受学习。基于互联网的接受学习主要以网上讲授形式为主，它又可分为同步式讲授和异步式讲授。

4.探究学习

探究学习也称为发现学习，是从学科领域或现实社会生活中选择和确定研究主题，在教学中，创设一种类似于学术研究的氛围，通过学习者自主、独立地探索研究，获得知识和技能。在泛在学习条件下，探究学习可以在一定程度上弥补接受学习的不足，它具有以下特点：第一是多样性，目的具有多样性，它把学习者的发展作为学习的终极目标；学习资源是多样的；评价模式是多样的，形成性评价、诊断性评价和总结性评价相结合，对认知过程、创新能力的评价等相结合，鼓励解决方案的多样性。第二是体验性，学习者亲自参与体验，以获得能力发展和深层次的体验，探究知识，掌握解决问题的方法。第三是自主性，注意培养学习者的自主能力，保护学习者自主参与学习的积极性。

泛在学习条件下的探究学习具有开放性的特点，这与学习设计的规定性形成了矛盾，因此有效处理这对矛盾是进行泛在学习环境下探究学习的关键。过度设计会导致活动的僵化而失去探究意义，缺少对学习活动的设计会导致探究的无序和低效。

5.体验学习

泛在学习条件下的体验学习可以理解为一种以学习者为主体，通过信息技术创设一定的学习环境，使学习者主动真实地亲历、反思来获得知识、技能和发展态度的学习方式。学习环境主要包括丰富的学习资源和各种信息化学习工具，体验学习的核心环节包括体验、分享与交流、反思、应用等。体验是学习的开端，学习者在泛在学习环境中通过观察、表达和行动等方式获得感性认识和直接经验。分享与交流是指在获得体验后，学习者与其他同伴分享感受和经验，并通过交流加深认识和理解。反思是指在分享与交流后进行总结和归纳，得出研究结果。应用是指将研究结果应用到实际工作中去，产生新的体验，开始新的循环。

（三）泛在的学习资源

对泛在学习资源的主要要求是，在为学习者提供相对完整的学习体验的同时，能够把学习者的注意力集中到学习中去。这是泛在学习资源的质性要求，具体体现在对学习内容、学习活动、学习伙伴和学习交互等方面的要求上。

（1）学习内容。在泛在学习环境中大量信息技术设备可以为学习者创造一个虚拟现实的学习环境，方便学习者随时、随地进行学习。学习者可以在泛在学习环境中采用自主学习、合作学习等方式获得知识和技能。同时，泛在学习环境中的学习内容具有无缝衔接的特性，即学习者在更换学习终端时，学习内容能够进行自适应调整，保证学习的连续性。

（2）学习活动。学习者在学习终端上可以进行多种学习活动，包括搜索信息、解决问题、参加测试等，学习终端的形式可以包括各种智能手机、PDA、可穿戴计算设备等，这些设备可以支持多种格式的多媒体文件。在泛在学习环境中，各种学习终端可以进行互通互连，保证学习过程连续。

（3）学习伙伴。利用互联网，学习者的伙伴可以遍布世界各地，所有参与学习的人员都可以互相提供资源，每个学习者可以向伙伴寻求帮助，也可以为其他学习者提供问题解决方案。学习伙伴的扩大增强了学习支援能力。

（4）学习交互。在泛在学习环境中，学习者可以与学习内容、学习伙伴、信息设备等任何实体进行自然的交互，通过交互获取相关的学习内容或学习帮助。

综上所述，泛在的学习资源是一种支持完整学习过程，并包含有助于实现有效学习的信息要素的智能化、数字化学习资源。

（四）泛在的学习服务

泛在的学习服务要求构建"以学习者为中心"的学习环境，为学习者提供相应的学习资源、学习活动和学习实践等服务。泛在学习服务一般由远程教育机构（如电大、网院、开放大学等）来提供，远程教育机构为学习者提供泛在学习服务，承担泛在学习服务的运营，同时，远程教育机构也是泛在服务的购买者，它从学习内容提供商、移动运营商、移动学习终端提供商等购买相应的服务或进行相应的合作。

泛在学习使得学习者的学习方式更加丰富和多样化，泛在的学习服务最终目的是通过学习方式的改变，促使学习者的思维方式和实践方式发生变化，增强学习者的学习效果，提高学习效率。泛在学习还处于初级发展阶段，如何更好地为学习者提供泛在的学习服务，吸引学习者采纳泛在学习方式，还有很多问题需要进一步研究。

第四章　基于翻转课堂理念的在线教育模式探索

第一节　翻转课堂理论基础

一、翻转课堂理论

在建构主义和宏观社会教育理论支持下，随着云计算、SNS（Social Networking Service，即社会性网络服务）等信息技术的飞速发展，OCW（Open Course Ware，即开放网络课程）、可汗学院、MOOCs（Massive Open Online Courses，大规模开放在线课程）、TED的全球升温，为信息化环境下在线教学的发展提供了有力的理论支持、技术保证和可借鉴经验。翻转课堂作为一种全新的教学模式在近些年受到国内学者的关注。20世纪90年代哈佛大学教授艾瑞克·马祖尔（Eric Mazur）提出的同伴学习法是翻转课堂的雏形。马祖尔认为，传统的课堂仅仅注重知识的传递，却忽略了学习者对知识的理解和应用。于是，他提出了同伴学习法：要求学习者在课下自学课程基本内容，课上则以"提问—思考—回答"等互动活动为主。对于有争议性的问题再加以讨论，对于比较难理解的内容，教师再进行深入讲解。2012年7月，由伯格曼和萨姆斯合著的《Flip Your Classroom: Talk to Every Student in Every Class Every Day》一书的出版，在教育界掀起了翻转课堂的热潮，成为了翻转课堂系统理论化的重要里程碑。

在国内，也有学者对翻转课堂进行持续关注，并做了相关的研究：朱宏洁指出，与传统教学相比，翻转课堂突破了传统教学局限，重构教学结构，体现了教学新理念。张新明依据翻转课堂的教学要求，构建出支持翻转课堂教学的网络教学系统模型，为翻转课堂的实施提供了强有力的信息技术支持。秦炜炜指出，翻转学习对于转变我国现有课堂教学观念，破解中小学生"减负"难题，探索创新人才培养路径具有借鉴意义。杨九民等构建了以微视频资源学习为核心的翻转课堂实验课程教学模式，进行了实践教学应用，并验证了模式的有效性。卢强通过研究发现，仅仅做到形似而非神似是翻转课堂没有明显提高教学效果的主要原因。要真正实现翻转课堂，需要精致课堂视频，重新定位师生角色，重建课堂对话。陈晓平指出："翻转课堂"不仅可以提高学生英语写作能力，缓减成人高校普遍存在的工—学—家矛盾，同时有利于营造自主与合作统一的学生文化，有利于创建新型教师文化。王芳分析了"翻转课堂"为何备受关注，主要因其符合新课程改革理念、数字技术和学习资源的引发和推动，从而可以预测"翻转课堂"将会成为未来课堂教学的模式之一。钟晓流回顾教学设计的发展演变之后，系统介绍了翻转课堂产生的背景与缘起、含义与特征、当前的研究进展与实践案例、相关的技术工具等。

二、翻转课堂特征

翻转课堂是指教师提供学习资源（以教学视频为主），供学生在课前进行观看和学习，课上时间主要用来解答学生在课前学习中遇到的问题、对重难点问题进行研讨、小组交流互动、完成作业练习等一系列互动学习活动的一种全新的教学模式。与传统课堂教学比较，翻转课堂有着突出的特征：

（1）以信息技术为基础技术保证

纵观翻转课堂的出现和发展过程，不难发现，信息技术在其中扮演了不可忽视的重要作用。从拉吉和波兰特提供教学录像，设计专门的学习网站，到贝克提出的教师借助在线的学习管理系统呈现学习材料，再到伯格曼和萨姆斯使用屏幕录制软件记录教学过程，上传到网上供学生学习观看等等，网络信息技术为翻转课堂的实现提供了最基本的技术保障和支持，并且随着信息技术的飞速发展，各种教学辅助系统和工具软件的出现，使得翻转课堂的呈现形式越来越便捷和人性化。

（2）教学过程的翻转

"翻转课堂"是由Flipped Classroom（或Inverted Classroom）翻译而来，又叫颠倒课堂或者反转课堂。这一名字的由来起源于这种全新的教学模式将传统课堂的教学流程进行了翻转：在传统课堂中，"传授知识"的过程在课堂上进行，以教师讲授课程内容为主；"巩固练习"的过程主要发生在课下，以学生复习、做作业的形式为主。在课上"传授知识"阶段，学生的主要任务是聆听教师讲授，并对知识内容有初步的印象和认识，在课下"巩固练习"阶段，学生通过作业练习等形式对课上知识进行梳理、理解和应用，从而完成对知识的掌握。而翻转课堂是把"传授知识"过程放在课下，由学生通过观看教学视频等学习资源来完成；"巩固练习"过程放在了课堂上，由教师引领，以完成作业、小组活动、课堂研讨、答疑解惑等交流互动为主。

（3）师生角色的转变

著名学者袁振国先生在其著作《课堂的革命》中曾提出："传统课堂造就了传统的师生关系。"传统课堂中，教师作为课堂上的"主角"，掌控课堂节奏，讲授课程内容，其主导地位不容置疑；学生作为传统课堂中的"配角"，聆听教师讲授，被动接受知识，其服从地位也是显而易见。在这样的教学模式下，学习者的主体地位得不到尊重，学习者的想法和疑问很少或者根本没有机会得到表达，久而久之，严重束缚了学习的积极性和创造性。应试教育便是传统课堂最重要的产物。在翻转课堂中，教师不再是学习的支配者，成为了学习的"引领者"。学习者的主体地位得到充分的体现，学习过程中有了更多的主动权：课前自主学习教学视频等资源，并且根据个体需求，可以重复观看和学习，课上，在教师的引导和帮助下，按照自己的进度安排学习，学习者的想法有机会充分表达，"翻转课堂"从本质上转变了传统课堂中的师生关系，真正实现了"以学习者为中心"。

（4）深入互动的机制

翻转课堂全面提升了课堂的互动，使师生之间和生生之间的交流更加深入。传统课堂，以教师讲授为主，师生之间的交流互动基本没有发生，更不用说学生与学生之间的交互。翻转课堂把传授知识的过程放在了课下，把课堂上的时间用来进行充分的交流与互动：回答学生的疑问，参加到学生的小组活动，研讨案例和专题，对学习者进行个别指导。课堂上，学生的疑问和想法在第一时间得到了老师和同伴的反馈，增强了学习者的积极性和学习热情，同时师生与生生之间加深了对彼此的了解，确保了课堂上教师与学生有效的交流与互动。

近年来，在以建构主义和宏观社会教育系统理论为代表的教育理论支持下，伴随着云计算、SNS（Social Networking Service，即社会性网络服务）等信息技术的飞速发展，同时OCW 、可汗学院、MOOCs、TED等全球的风靡，为信息化环境下教育教学的变革提供了有力的理论支持、技术保证和丰富资源，同时也为翻转课堂的发展提供了巨大的推动力。

第二节　在线教学分析

一、从广播电视大学向开放大学转型

我国开放大学经历了从广播电视大学向开放大学的转型。这一转型的本质是从注重规模数量的外延式发展，逐步向注重细节质量的内涵式建设。其中人才培养模式的改革是这一转型的核心内容。随着教育体制改革的深入以及社会教育需求的多样化发展，人才培养模式问题已经逐渐成为我国开放大学以及高等教育的重要研究课题。然而时至今日，人才培养模式的改革与创新依然是我国高等教育发展过程中的一个薄弱环节。衡量人才培养模式的一个重要指标是教学效果与质量。教学设计与实施直接影响到教学效果与教学质量，是人才培养模式改革的关键环节。

教学设计是在相关学习理论和教学理论的指导下，分析教学对象，确定教学目标，组织教学内容，明确教学策略，设计教学活动，评价教学结果、进一步改进教学设计的过程。教学设计的最终目标是优化教学效果，提高教学效率。

我国开放大学的教学设计与实施随着广播技术、电视技术和网络信息技术的飞速发展，经历了从广播电视大学创立之初，沿用传统面授课堂的教学形式并通过广播和电视进行教学节目的传送，到20世纪八、九十年代通过卫星、电视等技术传送多种媒体教学资源，再到21世纪通过计算机网络、教育云端和三级教学平台传送和共享学习资源的发展，从技术层面实现了质的飞跃。从1999年广播电视大学实施"中央广播电视大学人才培养模式改革和开放教育试点"项目，电大系统对开放教育的教学设计与组织、教学过程的实施与评价，教学平台与资源的使用、师生的有效交互等方面进行了深入的研究与探讨。经过了十几年的实践积累与探索，以"自学+导学+交互"为核心的多种教学模式已经在电大系统推广开来，成为了远程教育人才培养模式和教学模式改革的重要成果。

二、满足学习者个性化学习需求

《国家中长期教育改革和发展规划纲要（2010—2020年）》中指出："搭建终身学习'立交桥'，办好开放大学"，建设"人人皆学、时时能学、处处可学"的学习型社会。在新的时代背景下，开放大学所承担的使命发生了新的变化：建成一所面向全体社会成员的一所没有围墙的大学，成为我国全民学习、终身学习教育体系建设的重要支柱。同时，也对开放大学提出了新的要求：着眼各类学习者，满足个性化的学习需求。

经济的发展，社会产业结构不断调整，生活方式的多样化，不同人群对学习的形式、内容、时间、地点等有了更多的需求。部分已从业者迫切需要进行再学习，以提高自身的核心技能和职业竞争能力；大量外来人口需要通过学习适应新的生活环境和工作环境；随着我国人口老龄化的加速，越来越多的老年人愿意通过学习追求更加幸福的晚年生活。学习已经和人们的日常生活、工作息息相关，全民学习、终身学习的观念逐渐深入人心。开放大学肩负着发展全民学习、终身学习的重要使命，既能提供常规的课堂教育，又能提供能够随时随地的碎片化学习；既有传统学科体系的学习内容，还能根据社会生活发展需求提供新兴的学科、领域；既有专业性较强的学历教育，又有普及性的全民非学历教育，逐步向学历与非学历教育并重，从"套餐"到"小吃"齐全的全民教育发展，满足各类人群的学习需求。

三、在线教学的发展目标

优化各类学习资源，促进全民学习。经济的发展，社会产业结构不断变化，大量的从业者迫切需要进行再学习，以提高自身的核心技能和职业竞争能力；外来人口需要通过学习适应新的生活环境和工作环境；随着我国人口老龄化的加速，越来越多的老年人愿意通过学习追求更加幸福的晚年生活。学习已经和人们的生活、工作息息相关，全民学习、终身学习的观念已经逐渐深入人心。为了适应这种变化，开放大学应从之前的只注重学历教育、正规教育，逐步向学历与非学历教育并重，从"套餐"到"小吃"齐全的全民教育发展，通过研发、整合、制作、购买等多种途径，推出满足各类人群不同需求的优质学习资源，促进全民学习的开展。

着眼于学习者的需求，满足个性化学习。随着生活节奏的加快，生活方式的多样化，不同人群对学习的形式、内容、时间、地点等有了更多的需求。因此，开放大学的教学设计既要提供常规的课堂教育，又要提供能够随时随地进行的碎片化学习；既要有传统学科体系的学习内容，还要根据社会发展需求提供新兴学科、领域的学习科目；既有专业性较强的学历教育，又有普及性的全民非学历教育。真正着眼于学习者的需求，建设"人人皆学、时时能学、处处可学"的开放大学。

第三节 基于翻转课堂的在线教学

一、基于翻转课堂的在线教学模式

在Robert Talbert教授翻转课堂教学模式（图4-1）的启发下，结合开放大学的在线教学特点，提出基于翻转课堂理念的开放大学在线教学模式（图4-2）。

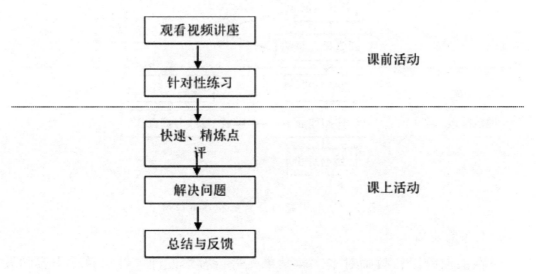

图4-1 Robert Talbert的翻转课堂教学模式

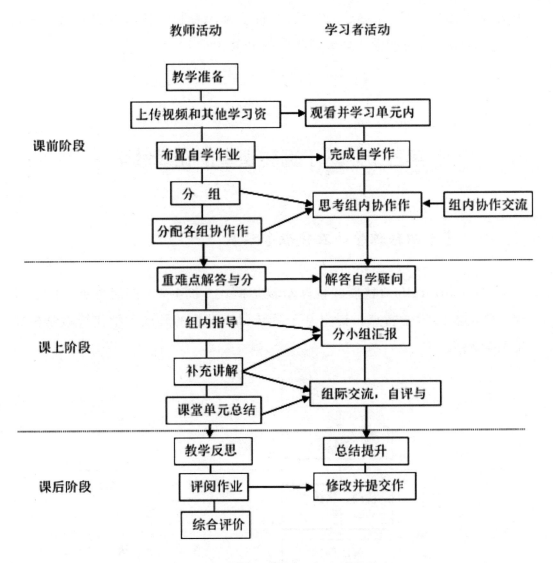

图4-2　基于翻转课堂的在线教学模式

1.课前阶段

在课前阶段，教师对本次教学单元进行教学设计。针对教学内容和教学对象，整理制作课程内容，包括教学视频、教学课件、自测练习等；设计教学活动，包括分组、讨论选题，评价指标，注意事项等；准备教学环境，包括教学平台的使用，课程论坛的发布，qq等即时通信工具的使用等。教师将准备好的各种资源和信息进行上传与发布。学习者在这个阶段，观看并学习单元内容，完成阶段的自测练习，与同组学习成员进行交流，确定小组活动主题，思考组内的协作作业。由于教师提前的充分准备，学习者在这个阶段，虽然没有教师的帮助和指导，仍然能够顺利完成既定任务，同时可以带着在自测作业和小组作业中遇到的问题参与到下一阶段的学习中。

2.课上阶段

课上阶段是教学模式的重要组成部分，也是学习者对知识进行理解、吸收的内化环节，因此本阶段设计与实施的质量好坏直接影响到教学模式的最终实施效果。教师作为组织者和引导者，首先对学习者在前一阶段的疑问进行解答，对重难点内容进行分析，对有争议的问题进行澄清。接着以小组为单位进行组内的交流与互动，教师以补充和指导为主。在组内意见统一和成熟的基础上，进行组际交流，同时教师和学习者对本组和其他小组的表现进行自评与互评。最后教师对本次课堂内容进行总结。在本阶段，通过学生提问和小组发言，教师掌握了学习者的真实水平和实际情况，做到心中有数。学习者通过组内讨论和组际交流，与教师和其他学习成员思想碰撞，充分交流，深度互动，做到查漏补缺。另外，结合开放大学成人学习的特点，课上阶段既可以安排在传统课堂面授环节，也可以安排在周末或晚上的在线教学环节，教师可以根据教学内容和学习者的实际情况灵活安排。

3.课后阶段

课后阶段是教学模式的总结、提升与反馈的阶段。学习者通过前两个阶段的自学、测评、小组研讨、师生互动、个人自评与互评等学习活动的参与，对学习内容进行总结内化与提升，对个人观点与结论进行修正与完善，同时将整理好的作业、学习报告、案例分析等进行提交。教师在这个阶段结合学习者的表现与反馈，对本单元教学过程进行反思，总结教学内容是否丰富、生动，教学设计是否科学、合理、教学活动开展是否如期进行。总结经验，查找不足，改进方法、提升效果，为新一轮的教学单元的开始做好充分的准备。

二、学习资源对在线教学的影响

1.学习资源从被动获取到共建共享模式的转变

从Web1.0到Web2.0时代，信息的获取与传递方式发生了本质的变化。从用户的主动搜索、查找与发现，到如今的信息主动推送；从信息的单向来源到如今的多源头信息产生模式。用户既是网络内容的使用者，也是网络内容的发起者、创建者。冲浪者与波浪制造者成为了Web2.0时代用户的双重身份。在这种真正开放式的信息产生模式下，学习者能够参与到学习资源的建设与更新中来，学习者的体会与感受得到尊重与重视，充分利用群体的智慧使学习资源得到持续的更新与升级。这种模式，提高了资源生产与更新的速度，丰富了资源的数量与内容，贴近了学习者的真实需求。学习者之间、学习者与教师之间存在着天然的、互助的朋友关系。借助这样的信赖、互助关系，将信息主动推送与共建机制应用到学习资源的组织与构建中，对于双向信息传递模式的实现，以及开发满足个性学习需求的学习资源，起到积极的促进作用。

2.构建基于"学习元"的，粒度适中的学习资源

"粒度"直观为颗粒的大小，在这里指学习资源所包含内容的多少、大小、详细程度等特征。粒度大的学习资源，往往信息量比较大，内容丰富。相反，粒度小的学习资源，信息量相对比较小，内容集中。在开放式的泛在学习环境下，学习者除了利用固定的时间段进行学习外，还可以利用生活、工作中的很多分散时间段对一些认知性的内容进行阅读与学习。生活节奏的加快，各类电子移动终端的普及应用，这种随时随地的学习已经成为现实。因此，设计并制作粒度大小适中的学习资源，满足学习者不同情境下的学习需求，为开放大学学习资源建设提出了新的要求。

学习元是一种具有可重用特性、支持学习过程信息采集和学习认知网络共享，可实现自我进化发展的微型化、智能性的数字化学习资源。它是随着信息技术的快速发展和各种电子移动终端的普及应用而出现的一种微型开放式的学习资源。学习元信息含量比较小，内容比较集中，观点明确突出，既可以将知识内容以文本、图片、声音、视频、动画、课件等多种

形式展现出来，作为独立的学习内容供学习者阅读学习，也可以进行组合重构，作为相关知识共同体的学习单元，还可以将体现学习过程和学习交互的相关信息以学习元或者组合重构的形式进行记录。相对短小的资源，主题明确，重点突出，阅读查找都非常便捷，更容易调动学习者参与的积极性。在进行此类资源的开发过程中，反馈信息的及时性和交互的有效性使资源能够随时更新，学习者在学习过程中的体会、心得、认识、看法、讨论等被记录。学习者之间，学习者与教师之间各种形式的交互是记录学习过程的最好体现。这些内容的丰富，实现了对资源的重构与补充，与此同时，学习过程中的有效信息也被记录和保存。

3.构建从"面向学习内容"到"面向学习过程"的学习资源

信息环境下，缺乏对新时代学习需求和学习理念的剖析，面向学习内容的学习仍然以"传递接受"为主，这无疑成为了传统课堂学习的网络翻版。将学习内容与学习活动有效结合，激发学习者的学习热情，完成学习计划与要求，是远程教育教与学过程再度整合的关键过程。"教学"过程由一系列相关活动构成，包括教学策略的选择，教学方法的实施，和学生的认知过程的完成等等。除了学习内容的传递，教学过程还应包括一些必不可少的交互活动。这些交互活动突破了学习内容的限定，从主观的互动层面进行支持，以促进学习者有效学习和自我知识结构的构建。因此，未来信息环境下开放大学学习资源的构建一定是在学习内容的基础上，将学习活动与互动设计纳入其中。

学习资源的设计从面向学习内容逐步向面向学习活动、学习过程转变。资源的设计更应从引导学习者参与学习活动，进行有效的及时反馈，交互过程的实时记录上下功夫。学习资源的设计与开发，不是仅体现在学习内容的呈现与表达，而是加入了教师精心设计的，与教学内容密切相关的各种学习活动和学习交互。通过这些活动与交互，"教"与"学"双方得到了关注和影响，学习者通过分析、思考、表达、讨论等一系列活动，实现自我知识结构体系的构建。

开放大学学习资源的建设，必须要顺应信息环境下远程开放教育日新月异的发展趋势，以学习需求为导向，以能力培养为核心，立足于打造各类实用、有效的优质学习资源，不断拓展资源建设理念，丰富资源建设内涵，真正提高学习资源的利用率，促进终身教育和学习型社会的建设。

第五章　在线教育教学的管理与质量监控

第一节　在线教育教学管理

一、在线教育教学管理相关概念

（一）在线教育教学管理

《教育管理辞典》对传统教学管理的描述，就是为实现教学目标，按照教学规律和特点，对教学工作全过程进行的管理。其主要内容包括：

（1）制订和实施教学计划。

（2）建立和健全教学管理系统。

（3）加强教师教学质量和学习者学习质量的管理。

（4）深入教学第一线，检查教学质量，依据第一手资料，研究教学管理规律，总结交流深化教学改革经验，解决影响提高教学质量的各种问题，有效地领导教学工作。

（5）教务行政管理工作。教学管理过程一般包括四个环节：计划决策、组织实施、检查指导、总结提高。

目前对在线教育教学管理还没有统一的定义，这里仅沿用网络教育的概念，结合教学管理的内涵做下列表述：所谓在线教育的教学管理，就是在教学者与学习者呈分离的状态下，通过信息网络环境，管理者遵循教学规律和教学特点，应用现代教育理论、教育信息技术与科学管理方法，依据一定的教学组织形式和机构，利用大数据云技术对教学活动实施组织、协调、控制、决策，对教学资源进行合理优化调配和使用，不断提高教学质量，以达到最佳教学目标的活动。

在线教育教学管理与传统教学管理有相似之处，但存在着较大差异，见表5-1。

表5-1 在线教育教学管理与传统教学管理的对比

项目	在线教育	传统教育
管理主体	人员类型多样	相对单一
管理客体	复杂、管理难度大	相对简单、管理难度小
管理模式	随机、模糊型管理模式	行政化、确定型管理模式
管理手段	以信息网络为主	以面对面人工管理为主
管理环境	随机、复杂多变	相对稳定

（二）管理主体

教学管理的主体是指具有管理科学知识和技能、拥有相应权力，从事教学管理活动的人或部门。在线教学管理中，每个人既可能是管理主体，也可能是管理客体，在不同的教学管理部门，或在同一教学管理部门的不同时间，人们经常扮演着不同的角色，变换自己的身份，表现为教学管理主体与客体的转化。

在线教育的教学管理中，管理主体的多重性主要体现在两个方面：一是管理部门的多重性；二是管理主体角色的多重性。所谓管理部门的多重性，是指既有主管机构的教学行政管理部门，又有下设教学站点的教学管理部门。管理主体角色的多重性，是指在在线教育的教学管理中，明显地存在着"三类多极主体"，这里所谓的"三类"是指管理者、教学者、学习者三类主体；所谓的"多极"是指每一类的主体都有多种角色。如学习者自主管理，因此也是管理主体，同样，教学者也是多极的。

在线教育的管理主体不仅有教学机构的管理者，还有从事在线教育企业的管理者；教学者不仅有负责本门课程的组织工作和日常学习管理的主讲教师，也有常见问题交互解答，以及向任课教师提供学习者情况的辅助教师，还包括从事视频与网页制作、在线课程制作的技术人员等。在传统教育的教学管理中，管理主体相对单一。从管理部门看，除了少数重点院校设有分校外，其他院校基本上只设本校一个教学管理部门。从管理主体角色看，虽然也有管理者、教师两类主体，但管理者的多极化不明显，而教师是多极的。管理者基本上限于在本校管理；教师往往一身兼数职，既负责课程的讲授、学习者作业的批改，也负责学习者的辅导答疑，甚至相关计算机教学软件的设计制作。

（三）管理客体

教学管理的客体是指与教学管理主体相联系的、为教学管理主体所认识和改造、影响的对象。我们认为人、物、信息三因素是教学管理客体的基本要素。人主要包括教学者与学习者。

传统教育教学管理的物质类客体主要有教室、实验室、图书馆、操场、宿舍、食堂等；在线教育教学管理的物质类客体主要有信息网络、视频会议系统、专家系统、虚拟实验室、多媒体教室、网络教学演播室、个人用户终端等，显而易见，管理的范围、重点、要求与方法，有较大的差别。

传统教育教学管理的信息类客体主要是印刷媒体和部分电子媒体。在线教育教学管理的信息类客体主要是网络教学信息资源，且信息来源复杂多样、随意性大、更新快、缺乏严格筛选审定，给管理带来更大的难度。

（四）管理模式

从教学管理发展的脉络看，教学管理模式大致可分为经验型管理模式、行政型管理模式和科学型管理模式三种基本类型。其中，科学型管理模式又可以分为随机型和模糊型两种。

传统的教学管理主要采用行政型和经验型模式。行政型教学管理模式以权威性的行政法规为基础，建立各级管理组织和机构，运用行政方法和行政手段，按照既定的规范程序，实现教学管理目标。经验型教学管理更主要的是利用以往管理经验，实施对教学过程的管理。

针对学习者不确定且流动性大、教学内容变动大且更新快、外来信息的不确定性、决策过程的模糊性等特点，在线教育的教学管理主要采用随机型和模糊型教学管理模式。随机型教学管理模式，突出管理对象的偶然性、突变性，利用统计规律、大数据分析技术和随机性数学模型进行分析、预测，进而拟制计划、组织教学实施的一种管理模式。模糊型教学管理模式，强调教学对象的复杂性、模糊性，运用模糊理论和模糊数学模型等进行分析、决策和评价，进而实施管理的一种管理模式。

以上管理模式在实践中是相互交叉、相互补充的，管理者可以根据情况采用一种或几种教学管理模式来实施管理。

（五）管理手段

在线教育的教学管理手段以信息网络技术为主，形成以信息网络为基础的教学管理信息系统，应用大数据及云技术，通过信息网络的高速处理和大容量存贮功能，对教学管理信息进行收集、传递、存储和加工，及时准确地向各部门管理者提供有用信息，支持教学管理者为实现培养目标而进行科学决策和有效控制。教学管理信息系统几乎适用于教学管理的全部范围，它包括：教学计划管理、教学过程管理、在线课程管理、教学质量管理、教师管理、学籍管理等。而传统教育的教学管理在很大程度上依靠的是人工管理手段，虽然现在也有采用信息管理系统的，但与采用大数据、云技术的系统还存在较大差距。

（六）管理环境

从系统的观点来看，任何组织都是一个系统，它存在于一个更大的系统中。这个更大的系统就是环境，组织的存在与发展永远离不开环境。管理的环境可分为两大类：一类是一般环境，包括自然环境和社会环境；另一类是特殊环境，主要指组织内部环境，或称工作环境，它包括物质环境、精神环境和信息环境三个方面。

1.传统教育的教学管理环境

物质环境：包括自然条件形成的要素，如空气、光线、温度、声音等；教学设施，如教室、实验室、图书馆、操场、宿舍、食堂等；班级与课堂，如班级大小、设施设备等。

精神环境：包括校园文化或校园人文氛围；人际关系、班集体氛围等。

信息环境：主要包括信息的硬件载体、信息的软件载体，如印刷类媒体等。

2.在线教育的教学管理环境

物质环境：在线教育的教学物质环境比传统教育的教学物质环境复杂得多，这是在线教育的基本特征之一，是由学习者主要依赖多媒体学习和学习的场所不固定等因素引发的。从广义上讲，从网络教学软件的开发到网页制作、视频制作、网址设置，到最后接收终端及其支持服务系统所提供的物质性支持服务、辅导站点的安排等，都是其构成要素。

精神环境：在线教学中，教学者和学习者是分离的，学习者与学习者也是分离的，学习者基本上是跟机器、设备打交道，以人一机或人一机一人的交互为主，这就必然导致了管理环境中精神环境的弱化。

信息环境：在线教学信息环境中渗透了现代教育技术的要素，使技术与人的思想相结合，从而更多地思考新技术对教学发展的影响与作用。此外，对在线教育信息环境的要求明显高于传统教育。

以上从教学管理的角度，在管理主体、管理客体、管理模式、管理手段、管理环境等五个方面与传统教育的教学管理的比较，主要强调两者之间的区别。但是，两者并不是相互矛盾、相互对立的，而是互相联系、互为补充的。传统教育教学管理方法中系统科学的方法在在线教育的教学管理中仍是一种十分重要的方法，只因当代科技的发展、社会的变革对教学系统的三个要素即教学者、学习者、教学媒体产生了重大影响，促使三要素及其之间的相互作用、相互联系发生了巨大变化，从而引发教学系统与环境的相互作用在广度和深度上更深更强。

二、在线教育教学管理基本理念与特征

前面介绍了在线教育教学管理的基本概念，这里讲述在线教育教学管理的基本理念、基本特征。

（一）在线教育教学管理基本理念

在线教育的教学管理必须贯穿以质量为核心、以人为本、以科学管理为手段、以优质服务为目标的基本理念，具体表现为：

1.以质量为核心

在线教育的成败关键是质量，因此，以质量为核心进行教学管理是在线教育质量建设的必然要求和重要内容。以质量为核心的管理，就是要牢固树立质量第一观念，不断增强质量意识，积极运用科学方法进行有效的管理。在线教育采用全面质量管理的方法，对教学要素和过程进行管理。全面质量管理的主要内容表现为全要素管理、全程管理和全员管理三个方面。全要素管理是指对在线教育所有要素实施质量管理。全程管理就是在在线教学过程中，在线教育课程的设计、制作、运行、评价等对受教育者实施影响的每一个环节上加强质量管理，使之形成一个保证在线教学质量的工作体系。全员管理就是在线教育相关人员共同参与质量管理，共同献计献策，保证在线教学质量的全面提升。

2.以人为本

以人为本是在线教育的教学管理的重要理念。在线教育学习者来自不同的领域与地域，其文化基础、学习目的、年龄、社会阅历等存在着诸多差异，管理方面必然会产生各种不同的要求，这就需要管理者有针对地建立完善的服务体系，满足不同类型学习者的各种需求，从而提高教学效果，保证教学质量。特别要引进和完善竞争、激励机制，建立适合在线教育的教学管理新体制，充分调动在线教育所有参与者的积极性和主观能动性，以达到提高教学质量的目的。

3.以科学管理为手段

科学的教学管理，就是以教学管理客观规律为指导，根据客观实际，选用适合的科学方法和先进的技术手段，进行有效的管理。具体要求包括两个方面：一要按照教学的客观规律进行管理。在线教育是发展中的新生事物，探索在线教育的客观规律十分迫切。在线教育的教学管理必须遵循教学规律，促进学习者的全面发展，教学管理中的教学计划、开设课程、学习者管理、教学者管理以及资源管理等都要符合在线教育的客观规律，使之能够真正起到提高教学质量的作用。二要有科学的管理方法。科学管理就是在在线教育教学管理中建立闭环式的管理系统、信息反馈系统等行之有效方法，结合现代管理理论及高科技应用，使教学管理方法更科学合理，促进在线教育的教学管理新发展。

4.以优质服务为目标

在线教育的服务对象主要是来自社会各阶层的学习者，这些学习者年龄层次、知识背景、学习能力、社会阅历等都存在差异，因此，提供优质的学习支持服务尤为重要，学习支持服务是教学系统与学习者之间的接口，它的服务内容主要有学习前的内容咨询、资源组织、学习技能训练、教师辅导、交互方式等。只有最大限度地满足学习者的不同需要，才能保证在线教育的信誉，降低学习者的流失率，提高教学质量。

（二）在线教育教学管理基本特征

在线教育教学管理的基本特征主要体现在以下几方面：无界化、现代化、科学化、多样化、交互性、个性化等。这些基本特征与远程教育有相似之处，但也存在较大差异。

（1）无界化。在线教育是一种无边界的教育，依托信息网络技术，可以在全球开设课程，教学可深入社会生活的方方面面，相应的管理也是无界化，即在线教育涉及哪儿，其教学管理就延伸到哪儿。

（2）现代化。在线教育教学管理将现代管理思想融入教学管理的全过程，即以质量为核心，以人为本，以科学的管理方法为手段，以优质服务为目标的管理理念贯穿于全过程。利用现代教育技术如大数据与学习分析技术等设计教学管理系统。

（3）科学化。科学化就是运用社会科学方法，熟悉教学管理环境，推广教学管理成果等；就是运用行为科学方法，对教学者、学习者等进行管理；就是运用定性和定量相结合的方法，辅助教学管理人员进行优化决策；就是运用系统方法、信息论方法、反馈方法、艺术方法等对教学及其管理系统进行整体设计、协调控制等。

（4）多样化。多样化就是教育模式的多样性与教学层次的多样性导致教学管理多样化。由于我国各地区、各领域的经济、文化发展水平不平衡，在线教育办学主体类别、规格、层次多种多样，因此，教学管理必然表现出不同的特色。

（5）交互性。在线教学的交互性，必然导致教学管理的交互性，交互的管理程序可使教学管理具有更强的可操作性，教学信息管理系统交互模块具有智能，学习者只需回答有关的问题，如：你学习的目标是什么？你需要获得哪些资格？你需要什么样的专业认可？等等。信息管理系统能根据学习者的回答进行综合判断后，即刻为学习者提供有关问题的咨询。

（6）个性化。在线教育具有传统大学所不具有的教学行为个性化和学习行为个性化的特征，打破了学习群体的结构，把个体学习者从学习者群体中分离了出来，而把他放在一个更为个性化的情景中。在这种个性化的教育中，其教学管理也带来了个性化的特点，单独为学习者提供课程选择方案、进行辅导答疑、批改作业、知识点考核、结业考试等。

三、在线教育教学管理基本内容

教学管理的内容繁多，而在线教育教学管理的内容比传统教学管理的范畴更为宽泛。依据国家对远程教育的相关规定，结合在线教育特点，主要从五个方面来讨论，即学习者管理、教师管理、教务管理、资源管理和系统管理。

（一）学习者管理

学习者管理是教学管理的一项重要任务，在线教育中，学习者管理的基本内容包括学习者学习动机引导、学习者行为管理、学习者学习评价管理三个方面。

1.学习动机引导

在线教育中，学习者主体是成人，成人学习的功利性强。因此，成人学习时，对学习内容的选择、学习方式的应用等，主要根据自身的主观判断和环境变化来自主调整。而学习动机直接影响着在线教育的质量与效果，所以有必要对学习者的学习动机进行正确引导。

2.学习行为管理

在线教育中，"师生分离"和"教管分离"所带来的教师角色的淡化必然带来教学者对教学管理的弱化，就使得在线教育很大程度上依赖于在线学习者的自我管理能力，因此，有必要对学习者的学习行为进行管理。学习行为的管理主要引导学习者自律、自治，自主制订学习计划，完成学习目标。在线学习主张采用群组的方式，以学习群为单位进行管理，并且群组的建立以服务站为基础，每个群建立自己的学习群，学习者的各种思想、各种问题都能得到充分的交流与碰撞，同时还可增强学习者对学习机构的归属感。在建立起组群管理制度，学习者自选群主，并且定期轮换，让每一位学习者都充分地参加群组的管理活动，锻炼独立自主的精神，进行自我管理。

3.学习评价管理

对学习者的学习进行评价主要来自三个方面：一是学习者的自我评价，学习者对自身的思想、知识点等学习情况进行主观评价。二是教学者对学习者的评价，教学者对学习者的作业情况评价、教学者对学习课程结业总结评语、教学者对学习者参与讨论的情况评价、学习者的交互回答评价等。三是系统的评价，教学管理系统自动记录学习者在在线学习平台进行学习的信息，如学习登录时间与注销时间、互动区的跟帖次数及数量、课程浏览范围、时间和次数、测试的成绩等，最后通过加权评分做出综合评价。

（二）教师管理

在线教育教师要在数字化或网络化环境下开展教学活动，与传统教学在教学对象、教学环境、教学技术等方面存在差异。因此，对教师的能力要求和管理也呈现出不同。在线教育教师管理的主要内容包括教师任职资格管理、教师考核评价管理、教师培训管理等。

1.教师任职资格管理

教师任职资格是指为了保证教学目标的实现，教师必须具备的素质、知识、能力等方面的要求。在线教育教师任职资格管理就是对担任在线授课工作的教师从教资格做出的规定，常常包括胜任教学岗位所需要的基本素质、学历、专业学术水平、教学能力和信息技术运用能力等。

（1）基本素质

基本素质要求是指从事在线教师职业所具有的动机、个性、价值观、人生观等，在线教育教师的教学课程放置在网络上，供各类人群学习，传播快、影响大，对教师的道德水准提出更高的要求，必须具备优秀的道德水平和人生观，拥护党的政策，遵守法律法规，传播正能量，做到"三尺讲台无杂音"。

（2）学历与专业学术水平

在线教学由于学习者学习时间学习方式的灵活性、学习空间的多样性以及信息技术的融入，知识传授突破了传统教学的束缚，教学的非线性、非程序化对知识碎片化、知识重构提出了很高的要求。在此背景下，在线教育教师所需的学历、专业学术水平要求均不能低于传统课堂教师的要求，在线授课的教师（或教师团队的领导者）必须具备完善的专业知识结构和知识更新能力、驾驭学科内容和学术研究能力，有些在线教育机构还特别要求授课者应是知名教授或专业水平较高的教师。

（3）教学能力和信息技术运用能力

在线教育教师的教学能力主要突出教师具备信息化教学意识、应用信息技术有效促进课程教学的能力，这种能力不是信息技术工具的简单应用，而是借助信息技术重组知识结构，建立学习环境，并提供有效教学策略的能力。不仅要求在线教育教师具备信息化工具应用能力、信息技术融合学科教学能力、信息素养（数字素养）及信息化教学能力，更要求具备针对教学目标，对教学资源和教学过程的设计、开发、利用、管理和实施的能力。

2.教师评价

在线教育教师评价是在教师按照教学要求完成在线教学工作后，对其教学工作、效果等情况的考量和评估。评价时要把握在线教育教学岗位的特点，分别从专业能力技术水平、信息化教学水平、业绩、工作量以及对在线学习者服务等方面进行考核，考核采用定性和定量相结合的方式多方面进行评价。

（1）评价目标

在线教育教师评价的目标是：为了充分调动广大教师参与在线教育教学的积极性，发现在线教育教学中的问题，激励教师不断提升专业知识和在线教学能力，改进教学效果。

在线教育的教师评价要以激励为导向，一些传统教学的教师对于知识碎片化的教学内容组织、学生空缺的课堂录制和基于信息技术的课程制作等在线教学的课程开发流程和手段还不掌握，不少人还感到既麻烦又困难重重，因此在进行教师评价时要帮助教师发现教学中的问题，指导教师提高课程建设能力，而不是以评价结果为依据批评和惩罚教师。

（2）评价内容及指标

评价内容及指标是将教师评价目标具体化，是衡量或判断教师在线教学活动价值程度的准则和尺度，是对教师在线教学活动质量要求的具体规定。科学性和可操作性强的评价内容及指标，能够为教师在线教学活动以及学校在线教学管理工作提供正确的导向和判断依据。

在线教学的教师评价内容和指标，不能仅单纯评价教师教学素质、业务水平、教学效果等，还要考虑在线教育的特点。课程设计开发、教学过程实施、教学组织、学生服务、教学资源准备、信息技术运用、教师自我学习等都应该纳入评价内容和指标中。在指标权重的设计中，也应充分认识到在线教学与传统教学的差异，如教学效果评价指标设计时，应考虑到在线教学过程中，教师和学生时空分离，学生的入学专业水平和学习的自控力很难控制，所以将学生的考核成绩作为评价教师教学效果的重要评价指标就不够科学。

（3）评价手段与时机

在线教学的教师评价和传统教学的教师评价相比较，在评价手段、时机上也有差别，表现为评价手段与时机的实时性、多样性和科学性，传统教学评价时机一般在教学活动的中期和结束期，采用的手段一般是调查问卷、座谈等方式，评价分数大多来源于学生、同行、专家的问卷评分（人们听课学习中的主观感受）和学生成绩。在线教学评价数据可以从学生学习在线课程过程中实时采集，通过挖掘学生观看某个视频的重复度、做课程习题的准确率和答疑情况获得数据，这些数据的客观性较高，再累计上调查问卷、座谈以及学生结业成绩等数据，可以较科学地评价教师教学情况。

3.教师培训

在线教育教师培训主要是对教师信息技术培训。在线教育是近年来产生的一种新的教育方式，且发展变化很快。这种新的办学模式能否取得成功，关键在于能否尽快培养出一支能够理解和认同在线教育方式，并能参与在线教育活动的优秀教师队伍，并依靠这支队伍成功创造出新型的教学模式。就目前我国师资状况来说与这个要求差距还很大，据相关调查，我国从事在线教学工作的教师几乎都由学校正规任课教师兼职。从事专职在线教学工作的教师缺乏，且在线教学经验不足、在线教育信息技术缺乏，这些问题都严重制约着在线教育的发展。因此，教师培训就成为在线教育发展的关键一环。根据在线教育的特点和要求，教师培训内容主要包括以下方面：一是现代教育思想培训；二是在线教育理论培训；三是现代教育技术应用培训；四是建构主义教学情境下教学设计与教学方法训练；五是协作意识与协作能力的培训。

对教师教育信息化技术培训应该具有一整套比较完整的机构和措施，各省、市、地区的教育行政部门、人事部门、电教馆、师范大学、教育学院和教师进修学校都要定期开展信息技术的培训。参与在线教学的培训机构，应当向教师发送培训通知，让教师了解去哪儿学，学什么。在线教育教师所在院校领导要鼓励教师去学习，并从时间和经费上予以支持。

（三）教务管理

教务管理的主要内容包括学籍管理、专业设置管理、教学计划管理、教学内容发布、教学信息查询等五个方面。

1.学籍管理

在线学习者的学籍管理具有两个特点：第一，动态管理。由于在线学习者来源复杂、层次各异、素质不一，有的学习者可能中途辍学，有的学习者可能会因各种原因中断学习，所以每学年注册学习者数量都是动态的。第二，主动管理。对不能连续学习的学习者，要主动跟踪并提供各项教学信息和服务，协助他们在尽可能短的时间内完成学习任务。学籍管理包括从学习者注册到毕业的整个学习过程的管理。现对主要环节的管理做如下说明：

（1）注册认证

注册是学习者正常学习的前提，它的主要任务是将学习者引入学习系统，并完成相关资格的审定和学习档案的建立。注册系统的主要功能是保存学习者的档案数据，包括学习者每次测试的成绩、修的学分、已修科目等教学过程中动态生成的信息。注册系统还应提供授权认证功能，只有正式注册过的学习者才能进入教学支持系统，如在线教学系统。

（2）选课和报名

学习者可以进入学习系统的主页，浏览课程的基本介绍与所学课程的主要内容，如果该课程符合其需要，即可以注册学习。

（3）缴费

在缴费环节上，办学机构的高层管理者应考虑缴费问题，作为从事教育的企业来说，在线教育必需获取一定的利润，方可促使在线教育健康发展。也会考虑一些特殊情形，比如支持失业人员或残疾人员，纠正某些领域的性别不平等现象或照顾到某些特殊地理位置的人员等，但目前很少有在线教育机构考虑这一问题。但对军队在线教育来说，大部分对全体官兵是免费的，鼓励学习成才。

（4）考试

在考试管理上，应由学习者根据个人修课的情况及实际效果，决定自己的考试课程课目。在线教学的考试主要有笔试和网上考试两种形式，从现在开展在线教育的情况看，大部分是采用网络考试，主要是采取在某一特定时间、在规定时间段内完成考试；当然如果条件成熟也可采用笔试。在线教育采用网上考试主要理由有三点：第一，现在绝大部分在线教育单位都建有试题库，如在网上进行考试，可以很好地实现教考分离，使考试工作独立，增加考试的透明度，更好地体现公正、公平的原则。第二，考试的安全性和真实性基本可得到保证。从安全性上讲，随着网络安全技术的迅速发展和网络安全管理体系的层层设置，想通过网络窃取试题难度增大，如果与学习者的学习终端MAC地址绑定，并进行指纹或人脸识别基本可保证真实安全。若采用区块链技术，安全可靠性更有保障。从真实性上讲，由于在线教学平台在设置上不允许邻近终端显示相同试卷，所以基本上可杜绝作弊现象。第三，随着虚拟技术及人工智能的应用与发展，在线实验考试、训练考核的问题也可得到解决。

（5）学制与学历、学位

在学制上，探索实行"学分银行"，即学习达到某层次就可记学分，同时在各办学机构之间实行课程互选和学分互认。这既能充分体现教学服务和学习时间上的开放性，又兼顾学科知识的时效性和学习者的兴趣特长。学习者可以根据自己的工作、生活秩序情况整体规划自己的学习计划，只要按所学专业教学计划要求，在规定的年限内完成全部课程的学习，且经过考试、考核成绩合格，通过毕业设计及答辩，修满规定的全部学分，就可由所在办学机构颁发国家承认学历的毕业证书，并经申请、审核后授予相应学位。

2.专业设置管理

专业设置即根据国家的要求或社会发展对人才培养的需要，对军队来说，专业设置就要面向实战、面向部队、面向世界军事的发展，新建立一个学科专业，或对老专业进行调整、改造。专业设置一般包括专业的确定、专业的组建、专业的规划等。专业设置在一定程度上说明了培养人才的业务范围、基本要求和工作方向。对在线教育来说，应该根据经济建设和社会发展需要来设置专业，并根据社会的需求变化，灵活地、务实地、及时地调整专业。我国各地区的发展不平衡，这种不平衡决定了各地区对人才培养的要求和数量、规格、专业等方面是不尽相同的。在线教育的办学宗旨就是面向社会、服务于社会，如果离开社会的实际需要而盲目办学，就会失去生存的活力。国家出台相关规定，在线教育机构可根据社会需求，在已设置的专业范围内选择开展在线教学的专业；社会急需的现行本科专业目录之外的新专业，由机构提交专业论证报告，报教育部备案后，限定在本在线教育机构设置。但就我国目前在线教育专业设置来看，还不尽合理，主要表现为专业设置过于集中，各类课程比例不均衡。从已注册学习机构开设的专业种类来看，集中为计算机类、管理类、经济类、法学、英语等社会需求量大和应用性较强的专业，但忽视了对基础学科和其他学科人才培养的需要。从部队的实际情况来说，其专业设置应当偏向于新型作战力量建设与信息化武器装备的应用。

3.教学计划管理

教学计划是根据教育方针、培养目标、专业方向、学习年限、教学对象特点及课程间合理衔接等因素，由教育主管部门制定的政策性文件。教学计划决定着教学内容总的方向和总体结构，直接关系到教育能否适应经济建设和社会发展需要等根本性问题，也是确定课程设置、安排教学环节、进行教学活动的主要依据。由于在线教育机构的学习者在学习时录取分数明显低于传统教育学习者，或者无须考试即可注册学习，如果仅仅将传统教学计划照搬于在线教育，则不符合在线教育学习者的实际情况，影响其学习兴趣，造成他们的畏难心理。还有些机构直接通过网络视频会议系统或者卫星电视系统把传统班级上课现场直播给在线教育的学习者，供学习者使用；表面上看是可行的，但实际上是不可取的。在线教育的教学计划应根据在线教育的特点和在线教育学习者的实际情况来制定，不能盲目地照搬传统教育的教学计划。在线教育的教学计划管理应主要考虑下列内容：

（1）教学计划严密性与自主性的结合

1）不同学习群体、不同学习形式，执行不同的教学计划，更好地体现在线教育的个性化。教学机构只提供按学科功能分类的课程表和适当的各类课程组合，学习者根据自定的学习目标选择课程，制订自我学习计划并以此取代统一的教学计划。在执行自我学习计划的过程中，学习者也可自行对学习计划进行调整。

2）根据学习者的不同职业结构、年龄结构、知识结构和学习需要，确定教学计划中课程设置比例。

3）计划执行的灵活性与教学管理的严密性相结合。

（2）教学计划设计目标与课程的衔接

1）专业培养目标的设计。专业培养目标规定了培养人才的方向和标准，在设计在线教育专业培养目标时，不仅要依据国家制定的带有指导性的管理目标或规定以及教学机构的实际情况和社会需要，更要考虑学习者个性发展的需要。因为在线教育是一种充分展示个性的教育，它的目标是使每位学习者都能得到充分发展，因此，在线教育中，应当留给学习者更多的供其自定的培养目标空间。

2）课程设置。课程设置是教学计划的主要内容，课程设置的一般原则为：

①依据培养目标的要求设置，兼顾学科的性质和专业门类的特点；

②有利于形成合理的知识与能力结构；

③注意课程的衔接与配合；

④合理安排教学进度，使每学期的学习量适当；

⑤注意为不同专业学科门类的学习者打下继续深造的基础，并使其拥有较宽泛的专业知识面。

3）教学环节的设计。教学环节的设计主要体现为合理安排课程性教学环节和非课程性教学环节的比重。具体到在线教学中，在安排理论课与实践课的学时比例，在线课与面授课的学时比例，网络课、面授课与学习者自学的比例时，应突出实践课、网络课与学习者自学所占的比重。教学环节的设计上还要突出一个交互环节的设计，交互是在线教育的关键之一。

4）教学结构的设计。在线教育中，教学计划的结构可采用模块的方式。同一个专业教学计划，不同的模块组合，可以形成不同专业方向。这种灵活的模块组合方式使教学计划具有更广泛的适应性和选用的针对性。

（3）教学计划管理的细密性与严肃性

制订教学计划是在反复推敲、多方论证的基础上形成的，部队在线教育的教学计划更是经过院校与部队专家和教学管理部门研究、领导与相关专家多方论证，甚至征求部队官兵意见，并经军队教育行政部门批准才能执行。因此，教学计划的管理一定要严肃认真，一丝不苟。具体说来，应做到以下几方面：

1）在线教育教学应按教学计划的要求来组织，并作为考核、验收教学质量的标准。部队的在线教育更强调提升战斗力。

2）教学计划一经制定并批准执行，应保持相对稳定，保证有一个良好的教学秩序。在某种程度上，部队的教学计划等同于作战方案。

3）保持教学计划的严肃性，任何个人、单位不得擅自修改教学计划。如确有调整的必要，应履行相关报批手续，征得原批准部门同意后方可调整。

4.教学内容发布

教学内容发布是指将教学团队研制的在线课程内容，上传到在线教育平台或相应的教学系统，并予以发布，以实现网络在线教学。它一般有两种形式：一种是教师将课程内容交给系统管理员，由其在网上进行发布；另一种是由系统提供相关技术支持，由教师或教学团队自己将课程内容在网上进行发布，并且教师随时可对发布的教学内容进行修改，通过相应的系统进行管理。

5.教学信息查询

学习者、教学者、管理员以及一般的浏览者均可通过网络在相应的权限范围内浏览和查询在线教育平台相应的信息，如学习者对专业、课程情况、考试成绩的查询等；教学者对教务信息、学习者信息的查询等；管理员对系统运行情况、系统提供的工具类别和数量的查询，对系统工具利用人数和利用率的查询，对教学者、学习者信息的查询等。

（四）资源管理

传统教学中的教学资源管理主要是教材管理，教材是指学习者学习的一切教学材料，包括教学大纲、教科书、讲义、参考书、教学辅助材料（如图片、教学影片、唱片、录音、录像以及教学视频等），甚至可包括有意识地用来为教学服务的实际情境（如供学习者参观、见习或实习的场所）。通常，教材可分为四类：文字教材、实物教材、音像教材和电子教材。

在线教学中，虽然大部分在线教育机构所使用的教材是微课程视频，辅之以电子文本教材为主，且大多沿用传统教育中文字教材的体系和内容，虽然有些文本教材配有动画、视频等，但它们之间还没形成科学的优化组合，没突出在线教育的特色。由于在线教学主要在计算机网络上进行，其教学模式发生了根本性的变化，这就决定了在线教学的教材应与传统的课堂教学教材有不同之处。我们认为，在线教学应主要使用微课程视频加电子文本教材进行，同时突出交互性。而在线教学信息资源可以看成是存储在网络上各个教学系统中的可供共享使用的电子教材、课程微视频与教学资源的逻辑总和。显然，在网络环境下，能够作为在线教学教材的，只能是网络教学信息资源，而当前网络教学信息资源的无序性现状正是在线教育发展的瓶颈之一，因此，这里主要探讨在线教学信息资源的管理问题。

1.在线教学信息资源建设管理

（1）管理目标

1）能支持大量用户同时浏览与查询；能支持信息的增加、删除、修改，支持整个数据库的转储、转换、合并等操作；能支持教学资源的重组。

2）检索方法方便快捷。

3）在线教学信息资源管理系统安全可靠并保证系统的可扩展性；对知识产权实施有效保护。

（2）在线教学资源建设管理，主要是教学组件与资源平台管理

所谓组件就是一种依据设计在线教学软件的策略和思路，对在线教学过程中全媒体教学信息资源进行准备、检索、设计、组合、使用、管理、评价而形成的可重复使用的构件。

教学信息资源应按如下五个分类进行组织和管理：

1）全媒体教学资料库：为教学提供全媒体的教学资源，由文字、图形、图像、声音、动画、视频等元素组成，是以知识点为基点按一定检索和分类规则组织的素材，知识点的表达可以是多层次多侧面多角度的。

2）微教学单元库：由许多微教学单元组成，每个微教学单元包含有一定的过程和结构。在知识难点的讲解、技能技巧的训练及抽象思维观念的教学中，可采用微教学单元。微教学单元是片段的、可链接的，它没有多余的头尾包装和背景。如慕课课程中的微视频等。

3）资料呈现方式库：主要是教学素材及资源在教学中表现、连接、呈现的方式，如变色、闪烁、热点（区）链接等。

4）教与学策略库：常用的教学策略有讲授法、演示法、发现法、情景对话法、实际场景模拟等。

5）网络教学资源库：由多层次、多方式网络教学资源库组成，它决定了在线教学系统的开放性和自组织性。有些教学资源库，可实现全球共享。

在上述资源库的基础上，利用资源综合平台，可便捷地选取合适的资源

和微教学单元，确定教学策略，选取合适的资料呈现方式，从而制作出具有针对性的教学课程资源，实现因材施教。由于在线教学的时空分离，师生缺乏面对面的交流，因此在设计开发教学系统时，应尽可能地体现人际交流的特征，使教学系统软件具有较强的交互性，以弥补时空分隔对学习带来的不利影响。

2.在线教学信息资源发布管理

按数据库的管理模式，采用分类建库的方法对在线教学信息资源进行管理发布。整个在线教学信息资源库一般可分为三层：最底层为媒体素材库与微视频库；中层为课件库、题库和案例库；最高层为慕课课程库等。媒体素材库按照媒体类型可划分为五类：文本类素材、图形（像）类素材、音频类素材、视频类素材、动画类素材。课件库中的视频及软件要求既能自成体系，又能独立使用，其主要功能是教学者教学、学习者学习、提供参考资料、开阔学习者视野的主要手段。所有学科的题库，都既要遵循经典测量理论，严格按照经典测量理论的数学模型开发题库管理系统、组织试题，又要符合在线教学规律；在线教学题库基本功能主要有试题管理、组卷、统计分析等。案例库的编写应符合现实的指导和教学意义，建设案例素材库时，要考虑学科的特色，对军队在线教育来说更应当突出军事特色，案例必须以电子文本，更多的是以微视频方式提供，要注意相关知识点的网络搜索链接。

3.在线教学信息资源的版权保护

在线教育的教学信息资源主要有视频、文档、图片以及教师评论答疑的碎片化数字资源，其中主要资源是视频与文档。不同的资源又有不同的格式，如视频资源有AVI、MP4、FLV、wMV、MOV、RMVB等常用格式，图片有JPEG、PNG等格式，文档有PPT、WORD、PDF等模式，各种模式或标准不同，压缩程度不同，不同公司的产品其采用的软件工具也不同，不同格式不同类型的教学资源都要面临严重的版权问题，但处理的模式也不尽相同。

在线教育所提供的课程不是一个人所能独立完成的，而是由建设方或平台方提供经费支持，由学科教师为主的制作团队共同完成资源及课程的制作，因此，除非有协议规定，课程及资源是属于建设团队。

课程及资源的开发与制作过程中，会引用其他版权人的文献、资料等，如课程中加入纸质教材的内容，以及用于营利性用途，就存在侵占版权的问题。

课程及资源的内容要与时俱进，某些学科课程及资源需要频繁更新，课程更新属于再创作，如制作团队成员及参考资料、文献发生变化，也存在版权问题。

高质量高性能的视频服务也存在版权问题，如将视频存储在其他视频网站，那么视频网站是否拥有相关的版权，就存在一定的版权混淆问题。

在课程教学交互过程中的师生讨论、老师的作业批注、学习者的笔记及论坛里的留言等都存在版权问题。

因此，在线教育教学平台的资源建设中，既要使信息资源传播方便快捷，又要使教学信息资源得到有效保护。如果教学平台对教学信息资源开放程度过高，对共享权利限制不足，当侵权事件发生时，无法保护版权所有者的权益，就会影响教学平台资源创作者的积极性，许多优质资源创作者不愿意放在教学平台上；反过来，如果对教学平台资源的版权权利限制过多，就会失去使用的便利。故必须在版权保护与资源便捷使用之间找出平衡点。

版权保护策略要从教学信息资源的格式类型、版权归属、权利控制三个方面进行明确。从资源类型格式上讲，制定一个文件格式标准，或提供格式转码服务，使基本类型的资源文件格式统一，如统一将视频文件规定为MP4格式，文档文件规定为PDF格式，在资源入库时就做限定。最好是在资源入库前统一进行转码，如将PPT及WORD文档转为PDF格式等。

确定教学信息资源的版权归属。从主要的课程资源到教学过程中产生的各类衍生资源都明确版权归属。方法有两种：一种就是只要教学平台产生的课程资源全部归教学平台所有；另一种就是将课程资源细化，分别对课程建设、教师讲义、学习笔记、交互讨论等资源分别制定相应的版权归属协议，但教学平台拥有完整的使用权。

确定教学信息资源版权共享程度与协议。其版权协议方面可借鉴知识共享组织提供同名的一系列著作权许可方式，使著作物能广泛地流通与改作，方便其他人据此创作与共享，并以许可方式确保共享程度。有六种许可协议规定了他人根据许可协议享有一系列的基本权利。这六种许可协议按从严到宽的顺序列出：署名—非商业使用—禁止演绎；署名—非商业使用—相同方式共享；署名—非商业使用；署名—禁止演绎；署名—相同方式共享；署名。

对营利性在线教学平台的信息资源，在研发过程中需要注意参考、引用其他版权人的版权授予，如有些文献引用只要署名即可，但有些出版教材需要版权人授权使用，因此，在线教学平台研发，需要注意版权，避免侵权和做好版权授权。

在线教学平台遇到资源版权问题时，无论是平台管理方，还是资源研发方、资源建设方都应当及时做出反应。特别是资源建设者发现版权问题时，参照版权人上传的版权归属协议和版权共享协议，提供版权证明。

在线教育信息资源版权保护问题，事关在线教育的持续健康发展，因此，一定要关注版权保护问题。

4.在线教育信息资源管理的发展方向——智能管理

学习者在纷繁复杂的网络中出现"迷向""信息超载"是一个突出而广泛的现象，为此，计算机教育专家开发完善一种智能化的管理程序——智能Agent，结合大数据技术，就使在线教育信息的使用和管理进入一个"智能化-傻瓜化"阶段。智能Agent用于在线教育，能充当虚拟教师、虚拟学习伙伴、虚拟实验室设备、虚拟图书馆等。在智能信息管理系统中，Agent能发现用户的偏好，帮助用户确定信息域，自动生成检索方案并按最佳方式搜索对用户最有用的资源，还能对用户所需信息进行定期的、有选择的更新，对重要信息进行跟踪等。与此类似，教学管理系统也可采用智能Agent，以提供全天不间断服务。智能代理的出现意味着在线教育的技术重心正从桌面、主机转向网络，从人工转向智能化，在线教育正在从"人找信息"转向"信息找人"的技术阶段。

（五）系统管理

在线教育教学管理系统是在线教育教学管理主要手段。系统管理主要包括用户管理和网络管理。

1.用户管理

对用户进行规范化的管理，是教学管理有序进行的重要保证。用户管理内容较多，主要包括用户注册、账号管理、用户授权、认证管理及策略信息管理等。清华大学学堂在线就是根据用户身份确定服务类型和授予访问权限，把用户分成四类：总站管理员、分站管理员、教师、学习者，分别对这四类人员授予不同的管理功能权限。

2.网络管理

（1）系统安全管理

系统安全是教学工作得以正常运行的前提，现在网络上的黑客站点多如牛毛，黑客工具也唾手可得，攻击者可从网络上截获、中断、篡改甚至伪造信息，这将给在线教育带来安全隐患，因此必须对安全问题进行控制和防范。

1）建立密码机制。为用户提供安全可靠的保密通信是计算机网络安全最为重要的内容。例如在线教学平台管理员的密码要有足够的长度，要定期更换，不随意在网上传送，以免被截取，并限制尝试的次数等。

2）设计安全协议。目前在安全协议的设计主要是针对具体的攻击设计安全的通信协议。

3）设置访问权限。将系统用户划分为不同的角色，不同的角色指定不同的功能、不同的权限。对不同权限的用户，只提供他所能访问的功能界面，控制无关信息的显示。

（2）网络计费管理

1）提供采集计费源数据的功能；

2）提供计费策略管理功能；

3）提供计费项目的管理功能。包括：学习内容、浏览观看时间、信息流量、传输的区间、使用的服务方式等项目；

4）按时或实时自动更新用户费用；

5）提供账单的查询和统计功能；

6）提供计费的数据分析和数据挖掘功能。

（3）网络配置管理

用来定义、识别、初始化、监控网络中的被管对象，改变被管对象的操作特性，报告被管对象状态的变化。

（4）故障管理

故障管理是指对网络中被管对象故障的检测、定位和排除，并提供相应常见问题解决方法。故障并非一般的差错，而是指网络已无法正常运行或出现了过多的差错。网络中的每个设备都必须有一个预先设定好的故障门限，以便确定是否出了故障。

（5）网络性能管理

1）收集影响网络性能的数据；

2）提供对历史数据的分析、统计和挖掘功能；

3）提供调整网络拓扑结构和配置的功能。

第二节　在线教育质量控制

随着在线教育的出现与发展，学习者对在线教育质量的期望越来越高。要使在线教育能够持续发展，就必须严格控制教学质量，满足社会和学习者的需求。

一、在线教育的质量管理基础

教育是人与人智慧、思维和意识的交流，与一般工业化生产不同，如果直接照搬工业化管理中成熟的流程控制和评价范式，是不可能得到良好的质量保证效果的。这是因为无论是教学者的教学能力还是学习者的学习潜能都存在一定的差异，同时，学习者的人生理想和成才目标也各不相同，这与工业标准化流程中强调的标准流程、标准工艺、相同尺寸的理念是截然不同的，因此，单纯依靠定量分析和控制，在教育领域是不可行的。

（一）在线教育质量管理理念

目前我国在线教育就技术上而言与国外只相差三到五年，但在理念上与国外的差距很大，主要是陈旧或错误的管理理念严重影响教学质量。较为严重的问题就是重招生、轻服务、虎头蛇尾式的管理，要规范教育质量管理运作方式，就必须借鉴先进的企业管理理念，这也是先介绍管理相关概念的原因。那么为什么要借鉴企业管理理念呢？因为在线教育几乎具备工业化的所有特征，这些特征仍符合在线教育实际。所以鉴于在线教育兼具教育性和产业化特征，目前在线教育应重点从以下几方面来阐述管理理念：

1.全面质量管理

在线教育中，部门分工协作比传统教育更为明显，因此需要实施全面质量管理。根据国际标准化组织（ISO）的界定，全面质量管理是指一个组织以质量为中心，以全面参与为基础，目的在于通过让顾客满意和本组织所有成员及社会受益而达到长期成功的管理途径。首先每一个部门都要各司其职，其次是部门之间的工作必须相互协调，最后就是全员管理。"管理"不只是最高管理者的事情，作为服务的供应方，一个服务组织内的所有人员（包括高层管理者、各职能部门、教师和学习者本人）都应该对质量负责。服务本身是一个过程，过程的服务质量影响着最终的产品质量。特别是学习者，他们的服务消费与组织服务提供是密切相关的，并作为其中的一部分，反映到自己的学习效果上，也就是说，学习者本身既是服务的对象又是服务的参与者，因此也应当对服务质量承担一部分责任，如与课程教师的配合，跟上教学进度，及时反映服务中出现的问题，反馈意见和建议，等等。

2.以学习者为中心

"以用户为关注热点"的理念，在线教育领域同样适用，一切服务工作都是为了促进学习者的学习。学习者是在线教育服务的主要评判者，因为服务质量的好坏体现在学习者的学习效果上。在线教育的学习者群体异质特征十分明显，照顾每个人的差异是很难做到的，但又是不可回避的。比如，慕课课程、微视频开发中，需要增添一些辅助学习单元或背景知识，学习者之间互动性较强的学习模块使其更具人性化；在与学习者的教学交互过程中，在线教师要及时接收来自学习者的反馈信息，调整进度，解答疑难，改变教学方法等。总之，应尽可能地从学习者角度出发去运营整个在线教育系统，为学习者提供相应的服务。

3.合作共赢

合作共赢就是各方广泛合作，并获得现实的利益，这里有政府与高校之间、高校与企业或社会组织之间以及政府、高校、企业或社会组织之间的多种合作，这里也包括部队院校与部队的合作、部队与地方的合作等。

在线教育涉及各种合作：

（1）与高校内部其他院系的合作。在线教育机构要与其他机构之间共享师资，特别是聘请那些教学素质比较高的教师，迫切需要打破学校之间的壁垒，实现资源共享。同时，高校内的成人教育学院招生对象大多是成人在职学习者，所以在线教育机构与其存在生源竞争，另一方面，因成人教育学院有较长时间的办学经验，在线教育机构又需要与其合作。

（2）与信息技术行业的合作。因为在线教育信息技术要求高、一次性投入大，大部分高校在技术和经费方面难以承受，迫切需要与信息技术企业合作。

（3）与国家开放大学及其相关在线教育机构合作，共享教育资源。还涉及军民融合、军队与地方高校科研院所以及其他教育机构的合作。

4.持续改进

在线教育质量管理要随时发现问题，随时解决问题，持续推进质量改进。美国质量管理专家戴明博士提出的"戴明环"（又称为PDCA环）为实施动态管理提供了方法。它包括计划（Plan），实施（Do）、检查（Check）和处置（Action）四个阶段。在开展某一项工作之前，必须有个设想或打算（计划）；然后，实施计划，亦可称为执行计划；再将执行的过程及结果同计划相比较，找出问题，进行核对检查；最后，依据检查结果，把成功的做法或经验加以肯定并列入标准中，而把遗留问题作为下一个PDCA循环的P（计划）阶段的目标。这相当于教育评价中的"形成性评价"，目的都是为了随时发现问题，以便更快、更好地实现目标。

（二）在线教育质量保证方式

在线教育的质量保证，就是要提供足够的产品和服务信任度、足够的课程及教学资源供学习者选择，且其课程不能有重大知识性、科学性错误，同时，应当提供充分的学习支持服务。

要实现在线教育的质量保证，就要对在线学习绩效进行评估，即在线教育管理者基于学习管理系统记录的某教学机构/某课程/某辅导教师的完整在线教与学记录，对照工作目标或绩效标准对在线教学工作作出评价，为下一步教学工作安排提供决策参考的过程。在线学习质量保证可在基于平台数据的在线教学绩效评估的基础上进行，它是学习分析的一种应用，其一般流程也符合学习分析的基本流程。因此，构建在线教学绩效评估模式是对一般学习分析模式的具体化。

学习分析模式由"学习分析流程""工具与算法"以及"数据与信息"等三要素构成，"工具与算法"为"学习分析流程"提供支撑，并产生相应的"数据与信息"。这三个要素在时间上的展开将分别形成学习分析工作流、工具与算法流以及数据流。其中，学习分析工作包括需求分析、数据收集、数据预处理、分析、预测、应用等环节；工具与算法则是学习分析工作流中用到的各种工具及若干算法；数据则是在应用工具和算法时产生的各类数据，包括挖掘得到的各类知识，如可视化图表、频繁项集、规则、序列模式、网络图等。具体到管理者视角下的在线教学评估模式，该模式在"分析流程"方面的关键环节包括不同层次评估对象（教学机构/课程/辅导教师）、在线教学绩效评估需求分析、各观测点数据采集与变换、评估结论与整改建议等，所用到的"工具与算法"主要有数据库管理系统查询分析器以及"统计分析与可视化"方法，所用的"数据与信息"主要有在线教育教学平台日志数据表等。

（三）在线教育的基本要求

在线教育与传统教育不同，其质量要求也不相同，主要表现在以下方面：

1.面向实际的人才培养要求

在线教育对象的主体相当一部分是成人及在职人员，特别是其中一部分人未曾接受相应学历教育，或因毕业多年且专业理论落后时代发展，但他们的社会阅历、工作经验总体上更丰富，在专业领域内的问题上有比较深刻的认识，对问题的理解相对更深入全面，更能着眼实际。在受教育需要上，他们更希望所学能立刻应用于实践，对能拿来就用的东西更感兴趣。对这类人员，就不能像对在校生一样强调基础知识的掌握，不宜通过知识回忆的方式组织考试，而更要注重对其实践能力、研究能力等方面的要求，强调知识的应用与发展。在理论修养上的要求一般也应有所区别。另一方面，在线教育本身具有的师生准永久性分离的特点，也使我们对质量观、人才观的内容做出相应修正，至少在自学能力、自控能力、创新能力、协调能力、发展定向能力等方面可以提出较高的要求，体现出在线教育学习者的特点和优势。

2.学习者满意的质量要求

在线教育更强调学习者的主体地位，强调学习者在学习中、自身发展中的主动性，教学者更多的是学习进程的指导者与知识建构的引路人。在在线教育教与学时空分离的形态下，教学者表面的、直接的作用进一步淡化，更多依靠学习者能动性的发挥。在线学习者满意度不仅体现在课程上，还体现在在线学习支持服务上。因此，在线教育和在线教学系统的设计和运行必须以学习者为中心，在线教育教与学全过程以学习者自主学习为主，在线教育学习的组织规划控制逐步实现学习者自治，在线教育机构和教学者为在线学习者提供包括双向交流在内的各类学习支持服务等。教学者逐渐变成了学习者学习的辅助者、协调者和咨询者，因材施教、区别对待就具有特别的现实意义，更强调要让学习者受到满意的教育。在市场经济条件下，学习者满意度必将成为教育质量的内涵之一。

3.树立多元、多层次、多类别的在线教育质量要求

尽管在线教育机构具有相当的自主权，在教学内容与手段上又不尽相同，按理说在线教育质量观应是多种多样的，但由于总有人拿在线教育质量与普通学校教育质量对比，致使在线教育质量标准有一种单一化的趋势。事实上，即使是普通学校教育，近年来也越来越提倡质量标准的多样化、层次化，反对不顾现实情况一刀切，更何况相对更复杂又更灵活的在线教育，强行制定一致标准只会抹去各类在线教育的特色，扼杀在线教育发展的活力。

在线教育的质量观应该是多层次、多类别的多元质量观。一方面，受教育对象之间巨大的个体差异性使得我们必然要采取多种多样的在线教育形式来适应社会的需求。另一方面，虽然目前在线教育机构聘用教学者时并不局限于机构内，但不容否认的是，其教学者主体仍是机构内教师，这样，作为影响在线教育质量的重要因素之一的师资力量，就与机构教学质量基本成正比。后者现实的差异性决定不同在线教育机构的教学质量现实基础是不完全相同的，也决定了质量标准是不能等而视之的。

在树立质量观时，要充分考虑到各机构现有实力基础的情况，为自己定好位，确立不同的质量标准，适应社会不同的需要，同时办学方式也要灵活，开展多种多样的在线教育。

在线教育质量不仅取决于教师素质与责任心、教学资源及教学支持服务质量，更与学习者学习动机、对在线教育的认识密切相关。

学习动机的来源及强度与学习者对学习的投入（时间与经费）、所学知识的迁移和应用程度密切相关。调查显示学习者的学习动机和选择专业的主要原因均出自工作需要，这说明学习者的学习目的是比较实际、比较理智的。但是学习者在心理上过于依赖在线教育平台中主讲教师和在线教学点，自主学习能力还有待提高，而且在线教育的教育导学督学环节也有待加强。

学习者对在线教育的认识可以影响其学习态度是否积极，对教学过程是否配合。然而绝大多数学习者在线学习一段时间后倾向于传统的集中面授或收视，而较少利用手机等智能终端学习，这又返回传统教育的老路上去了。在线教育应尽量避免面授，不仅因为会增加成本，而且因为这会给学习者带来诸多不便，如路途遥远、没有时间等。那么是什么原因导致学习者想回归到常规教育？是在线教育不适合成人在职学习者吗？显然不是，只有一个原因——在线教育服务不到位，导致了学习者对现有学习方式的不满意。

影响教学支持服务满意度的因素主要有网络传输线路的稳定性、在线教学者素质及教学系统建设等方面。由于传输线路的不稳定或是网络带宽不够，使得很多情况下，各教学点的学习者不能按时保质地学习。在线教师的素质，特别是工作态度方面，有待提高，政策引导能力、个体信息化素质等方面有待提高。切实可行的办法是实行课时费级差制，比如规定最低标准是每课必备电子教案、脚本等，再根据所制作的微视频及电子教案的质量，可把课时费相应地提高，这样会在一定程度上引起在线教学者对教学的重视。在此需要强调的是教学者从事在线课程的教学比传统课程花费的精力成倍增加。

服务问题的根源在于管理不当。在管理方面，关键是管理理念的更新。目前在线教育宣传不到位，对招生宣传热情有余，只是在在线教育平台上对相关的机构、课程进行展现，等着学习者自己来注册学习；同时对过程管理重视不够。这不但会影响教学机构辛苦赢得的社会声誉，而且最终会砸了在线教育机构自己的牌子。之所以在一些综合实力较强的高校开办在线教育受到欢迎，如清华大学的雨课堂等，主要是为了"以品牌育品牌"，借助高校原有的良好的社会声誉打造在线教育机构自己的品牌。因此，在目前社会监督机制和认证机构尚未建立健全的情况下，在线教育需要自律，抓好内部质量保证才能长远发展。

（四）影响在线教育质量多维因素的分析

影响在线教育质量的因素有多种，其中主要有专业及课程建设、教学者基本素质、教学设施条件、教学过程管理、考试内容和方式、成本效益分析、监督运行机制及其他社会因素等。这些因素在后面的章节中将有详细的分析，在此只对证书、教学方式等问题进行分析。

目前在线教育的典型模式"慕课"是对网络教育的继承和发展，有着传统网络教育不具备的一些优势，同时也继承了网络教育一直在做，却没有克服的某些顽疾。

首先是教学质量问题以及由此引发的证书有效性问题。基于在线学习完全依靠学习者个人，没有学校、老师监督，其考试、作业成绩的真实性令人怀疑，无法进行有效的控制。因此，整个学习过程都是依靠学习者的自觉性，虽然在线教育机构有的也增加了每学期一次的笔试环节，但仍显得力不从心；在线教育课程的证书授予和网络教育意义不同，偏重于学习过程的证明，因此，有的连考试环节都免了，如何保证学习质量就是非常严峻的问题。虽然在线教育管理体系中设立了教学日历等概略性的规划措施，其具体执行效果却难以预料。

其次是在线教育的教学方式是否适用在线学习者。在线教育平台的课程大多都是聘请的高校教师，他们具有多年面对面授课的经验，然而，将这些教学理论搬到网络上后是否继续适用呢？没有一个可以量化的标准来进行评定。比如，教师A在授课时采用一种授课方式，教师B在授课时采用另一种授课方式，哪种方式更受学习者欢迎呢？如果是同一门课程，我们是否能够凭借在线考试的结果、课程选择率来进行评判呢？在线考试的结果有几分是真实的呢？诸如此类，这是一个复杂的系统工程。

上述都是在线教育所面临的瓶颈问题，也是网络教育受到社会质疑的主要原因。同样，在线教育能否获得持久的发展，很大程度上需要看这些问题是否得到了有效的解决。

解决这些"疑难杂症"的关键是新技术在在线教育中的应用，新技术对于打破在线教育与网络教育的发展僵局将起到至关重要的作用。近年来，随着网络接入技术的快速发展、计算机处理能力及云技术的逐步应用，在线教育与网络教育的课程资源也由单一的文本，逐步变为包含文本、图像、视频、音频等全媒体信息。同时，在线教育与网络教育所接触的数据形式也在不断地丰富，全媒体数据库的数据量日益增多且复杂，教育工作者所能使用的学习质量保证工具已经不仅仅是一份试卷。当我们徜徉在如此庞大的数据海洋中时，所面临的关键问题就是如何利用数据，如何更加有效地利用这些信息，并找到蕴含于其中的有价值的教学规律。当前的数据库系统由于无法发现隐藏在海量数据中潜在的联系和规则，不能根据现有的数据预测未来的发展趋势，缺乏挖掘数据背后隐藏知识的手段，导致面临"数据丰富而无从下手，无利可得"的情况。虽然教育行业对技术的敏感度很低，而且难以产生直接的利益回馈，但是，当我们将数据挖掘技术和基于全媒体视频的在线教育结合起来后，将会为在线教育带来强大的生命力。这种有机结合，具体地说就是从大量的全媒体数据集中，通过综合分析复杂异构的海量数据应用特性和语义，发现隐含在其中的潜在有用信息和知识，得出时间的趋向和关联的过程，从而为上述顽疾求解问题、做出决策，提供最有说服力的数据支持和方向指引。

大数据技术的应用也为解决上述问题提供方案。大数据，又称为海量数据（Massive Data），是随着计算机技术及信息网络技术的高速发展而产生的独特数据现象。一方面，网络和数据库中所记载的各种数据，真实地记录和反映了在线教育的各类活动信息，如能将其善加利用，这些数据将有效地指导教育科研和在线教学活动；另一方面，呈持续爆炸性的海量数据，不断挑战包括数据中心基础设施和数据分析基础架构的各个环节，稍有不慎，数据的拥有者就会淹没在数据海洋中，看得到摸不着，无法从数据中获得有用的信息。

教育行业不同于商业和科研，对新技术的依赖性不强，而新技术的引入也不能为教育行业带来直接的利益回馈。因此，即使是代表教育行业技术前沿的在线教育领域也没有过引入大数据分析的先例，甚至连针对教育行业进行的传统数据分析的案例也是少之又少，且许多是生搬硬套商业活动的分析模型。探索将大数据挖掘技术应用于在线教育平台，设计一种为网络视频教学质量而量身打造的数据分析模型，并为在线教育广泛应用，将对提高在线教育的教学质量，对在线教育教学体系的不断发展和完善提供帮助。

二、在线教育的质量保证

在线教育质量保证，首先要从整个在线教育质量保证要素分析入手，健全质量保证运行机制，然后探讨目前与在线教育质量密切相关的内部管理活动。

（一）在线教育质量保证要素

在线教育质量保证要素构成有多种提法，我们认为六要素观点较为符合在线教育的实际。这六要素分别为：教学资源、学习过程控制、学习支持服务、教学管理、组织保证和监督运行机制，其中教学资源是龙头，学习过程控制是重点，学习支持服务是核心，教学管理是保证，组织保证是基础，监督运行机制是关键。

（1）教学资源。教学资源是落实课程计划和实现课程目标的重要内容，也是在线教育学习者自主学习的重要内容和基本保障，教学资源的质量对在线教育具有决定性意义。

（2）学习过程控制。学习过程中的环节很多，质量管理和质量保证渗透在学习过程的各个环节之中。在线教育对学习过程中的每个环节的质量控制不仅是通过不断地自我评价、自我改进和自我提高来实现，而且借助于教学机构、政府和社会的评价来推动，最终实现对学习过程的有效控制。

（3）学习支持服务。学习支持服务是保证在线教育教学质量的核心要素，它涉及教学过程服务、技术支持服务和非学术性服务管理各个方面。

（4）教学管理。教学管理是落实教学质量的基本保证。教学管理有依据、有标准，管理过程有流程、有规范，实施结果有考核、有评价。

（5）组织保证。组织保证是在线教育机构对在线教育教学质量管理工作的决策、协调、实施、反馈等，使质量保证有效地向下实施。

（6）监督运行机制。要保证在线教育的质量，就必须有行之有效的监督运行机制。因此，教学质量监督部门必须随时随机通过网络对教学过程进行监督，适时召集专家、学者对教学过程的各个环节进行检查、巡视，使得教学信息得到及时反馈，查找的问题较真实、可信，监督问题得到解决与改正，控制质量标准得以执行。

（二）质量保证的原则

在线教育质量保证是其发展壮大的前提，质量保证的运行机制是指内外部质量保证体系各个要素间，以及与系统运行密切相关的其他社会经济因素之间相互联系、相互作用的工作方式。质量保证原则主要有以下方面：

（1）面向结果与面向过程相结合。既要保证在线教育最终效果满足质量要求，又要保证在线教学过程的各个环节及相关要素都保证质量要求。

（2）质量保证的标准化是必要手段。保证在线教育质量的重要手段就是标准化，其标准又可分为内容标准、形式标准（技术上）和过程标准；标准化的过程其实就是对整个体系相关标准文件化的过程。

（3）质量管理规范化是有效方式。质量管理的规范化就是建立长期稳定的管理体系，是保证质量有效的方式。在线教育是通过过程来完成和实现的，过程本身是一系列质量转化的活动，因此对过程的规范化管理是保证质量的一个基本要求。

（4）教育性与产业化结合是提高质量保证水平的有效途径。在线教育具有教育属性，同时在某些方面具有产业化的特征。在创建在线教育质量保证体系的过程中，应该充分考虑在线教育作为一种教学形式所具有的教学特性，并在此基础上把工业化的标准体系和管理理念运用到在线教育的质量保证体系中去，提高质量保证的水平和效率。

（5）动态性是保证质量稳定的前提。在线教育质量保证体系的可扩展性和发展性是在线教育持续发展的保证。在线教育目前在我国还不是非常成熟，发展较快，质量保证体系可能随时需要进行修正。

（6）系统性是保证质量全效的必然要求。系统性就是把系统化思想引入在线教育质量保证体系的建立过程中。

（三）质量保证体系建立

在线教育的质量保证体系尽管有多种观点，我们认为应当包括内部质量保证体系和外部质量保证体系两个方面。内部质量保证体系指实施在线教育的机构（院校）为保证质量而建立的质量保证体系；外部质量保证体系指教育行政部门为保证教育质量而建立的领导、管理、协调、控制、监督的体系。从具体管理要素上看，又把它分为宏观质量保证体系和微观质量保证体系。宏观质量保证体系主要由在线教育系统、教学实施过程、办学基础条件、在线教育系统评估等构成。微观的质量保证体系主要指在线教育机构为保证教学质量所采取的注册、入学测试、入学教育、教研活动、作业布置和检查、期中教学检查（期中考试，作业检查和实践性环节检查，教研活动检查，课程教学质量检查，教学技术、手段和教学方法检查）、组织考试、教学管理手段的现代化等一系列活动。

内部质量保证体系实质上就是在线教育机构的质量管理体系。所谓管理体系，就是建立质量方针和目标，并实现这些目标的相互关联或相互作用的一组要素。质量管理体系则是在质量方面指挥和控制组织的管理体系。质量管理体系把影响质量的技术、管理、人员和资源等因素都综合在一起，使之

（6）体现先进性原则。随着在线教育深度与广度不断深入，新的教育思想、教育观念的不断涌现，教育质量评估指标也应随着时代的发展而被赋予新的内涵。

在线教育质量评估指标是进行评估的依据，是对在线教育教学活动尺度和范围的把握，是在线教育主管部门对在线教育的教学者教学能力和教学进度的评估细则，在线教育教学评估指标设计应当把握下列原则：

①对象的全面性。在线课程与传统课程有着一定的差异，传统课堂教学的评估对象只有教育者和受教育者两个，而在在线教育中，除了上述两者之外，整个教学过程中，起到重要作用的还有网络环境的支持者，在线教学系统的开发者、管理者，以及在线教学资源的制作、整合者等，这些评估对象同样对整个在线教育教学过程起到举足轻重的作用，例如网络环境的好与坏，微课视频是否正确表达教育的目的，学习者的疑问能否通过网络及时送达教学者手中，以便及时作出反馈，等等。

②系统的集成性。在线课程与传统课程最大的不同还在于，传统课程一般只由两个方面组成，即教与学两个方面；而在线教学系统，除教与学两个方面组成之外，还有就是支持服务系统，主要由各种教材、教学资源、虚拟教学环境及问题解答等组成。

③评估的整体性。在线课程涉及对象众多，系统庞大，时空关系复杂，对在线课程进行课程评估的时候，就不能仅仅针对其中的某一部分或某几部分进行评估，必须整体评估做到全面、客观。

④内容的时效性。时效性原则是传统课堂教育评估中不具备的，即使在目前一些在线课程评估中也是很少见到的，但是它是非常重要的，因为在线课程中的微视频往往一旦录制完成就会使用很长的一段时间，而在这段时间内，教师一般不易修改，只是由系统的管理者来维护，但是他只关注课程能否流畅播放，对于课程内容，由于同时播放的课程涉及各个领域、学科、科目，管理员根本无法进行有效的评估，这就会出现播放的课程中的数据过于陈旧，使得课程不严谨；有时还会导致严重的科学性错误。例如，几年前冥王星被发现是一颗矮行星，不是大行星，被逐出太阳系九大行星之列，在地理教学中围绕太阳的行星一部分的内容需要进行改变。如果是课堂教学可立

即改正旧的知识内容，但是在线课程视频就需要有人去看一遍录像和课件，可能需要重新做课件，重新制作视频。这些对于在线课程来说都是十分重要的，必须纳入在线教育评估中。

⑤成本的性价比。在线课程的成本相对于传统课程来说相对昂贵，传统课程主要为教师的课时费，而在线课程则包括网络设备、摄录编设备、计算机设备等的购置费用，运营费用和维护费用，网络管理员、视频及课件制作人员、系统开发管理者的劳务费用等，所以在评估的时候应当将其考虑进去，以适度为标准，不必过分追求听觉和视觉的感受，或者过分的大而全都是无意义的，而应将完成教育目标作为主要标准。

⑥权重的一致性。在线课程自身也是种类繁多、差异性极大，所以在评估时一定要将每一个评估点的权重严格把握好，防止不同的评估者各自根据其自身的职业特点或习惯爱好，过分放大或缩小某一个评估点，造成以偏概全。

对在线课程教学中的关注点进行分析，在线课程是在传统课程上的延伸与扩展，传统课堂教学过程中的一些评估点需要继续保留，但是考虑到在线教学和传统教学之间在教育技术、教学手段、教学过程中的差异，一些传统课堂教学评估点的权重需要加以适当调整。

（三）质量评估内容

在线教育质量评估内容虽可参照我国远程教育工程来进行，但毕竟有所区别。因此，不可生搬硬套。从教育哲学和认知学的角度来看，任何教育的核心目标都是一致的，都是基于人的学习的自然属性和价值与奉献的社会属性，但不同类型教育模式的培养侧重点是不一样的，培养的方式也不尽相同。在传统教学理论下的课堂教学，强调教师在教学过程中的主体作用，学习者成为被动接受知识的一方，低估了学习者学习的能动性作用，忽视了学习者对知识和课程的选择权，对教学过程和学习实践的参与权。

在线教育的质量是在线教育系统满足学习者个体和社会需求的程度。它在培养目标的质量标准、培养方案、教学模式、课程设置、资源制作、教学实践、考试等所有教学环节，几乎都与传统教育不同，无一例外地体现着在线教育的设计理念与创新精神。在数字时代，在线教育评估质量评估主要包括以下方面：

1.学习者方面评估

（1）学习者的能动性

教育是双向的，教学者和学习者双方在教学过程中存在着思想、知识、技能、情感等方面的交流与互动，特别是在基础教育阶段，学习者的学习主动性尤为重要，但是在线课程教学评估中必须强调学习者在教学活动中的主体地位，教学者则更多的是引导和辅助。同时，也要强调教学者的主导地位，教学者的引导作用好，学习者的能动性就强。

（2）学习者个性差异

从哲学角度看，教育是对人的教育，是人与人在知识、经验、意识等方面的交流与传递，人拥有独立感受环境、感知外界的能力，而且这种感知是独立完成的，是带有其个性烙印的。这种个性烙印的外在表现就是每个学习者拥有不同的性格差异和独立人格，在线教育评估中也应有相应的体现，即要寻找由在线课程学习引起的学习者变化的数据。

（3）学习潜能

每个学习者都是一个完整的个体，从多元智能理论可知，每个学习者都有全方位发展自己的学习需求，但是不同学习者在不同智能领域的表现和潜能是不一样的，在线教育领域中，更应善于发现每个学习者在其不同智能领域的优缺点和潜能，以帮助其更好地发展自己。

2.在线教学课堂评估

根据对传统课堂教学的分析，传统课堂教学评估主要集中在下列方面：教学目标、教学过程、教学方法、教学内容、内容表达、教学效果。而在线教育课堂评估也从侧重这些方面进行。

（1）教学目标

教育是人与人的交流，而人与自然界其他生物最大的不同就在于人是拥有自主意识、能够独立思考的。教育是一门科学，也是一门艺术，这就体现在无论教育者还是受教育者，都对教育过程有着自己的价值趋向和目标指向，教学活动也是在教育者和受教育者双方意识交汇与融合中进行的，如何让双方的意识流在一堂课上完美融合是艺术，如何让融合的意识流按教学进度的方向最大限度地延伸是科学，而对前进终点的规划和描述就是教学目标。它是一节课好坏与否的前提和保证，也是评估教学的首要标准。教学目标分为知识与技能、过程与方法、情感态度与价值观三个方面，这三个方面是一个整体。

从整体课程论角度，教育的目的就是培养独立、完整的人，从这个角度考虑，不应该把三个方面独立开，割裂地分析，而应该从教育的目的是培养一个完整的人的角度去考虑问题。所以，在线课程中虽然分为三个方面，但并不是让我们在教学时割裂地分别对待，而是将三个方面融合到一节课的教学过程和教学互动中，让学习者在潜移默化中得到完整的知识、经验、道德、品质、情感的吸收与升华。

（2）教学过程

知识、经验都是教学过程中加以传递和交流的。在线教育的教学者传递与交流的实现是根据一定的教育目的提前设计脚本，并在某个特定时间和特定环境下，利用特定的教学资源，与受教育者共同完成的一次教与学的交流。在这个过程中，教学者不仅仅是教学活动的导演者，还是演员，他必须参与到学习的过程中，时时把握学习过程中的问题和变化，随时对脚本进行微调，使得教学过程始终贴近学习者的学习过程。所以在这个过程中，教学者对学习者心理状态、学习状态的把握和调节是考验教学者教学功底的重要环节。

（3）教学方法

从心理学角度，同一事物在不同的描述和表现方式下，学习者的领会和接受程度是不一样的。这里涉及几个问题，一个是每个人对不同媒体的敏感度不同，例如，有些人对视觉敏感，而有些人对听觉敏感，有人对触觉敏感；了解学习者对不同媒体的敏感程度，并选取不同的媒体组合，是提高认知效率的有效方式。另外，不同的教学内容适合使用的媒体表现手段也是不一样的，例如有颜色变化、无毒的化学反应适合现场演示，原子内部的运动轨迹适合用计算机动画模拟，正三角形三线合一可在黑板利用尺规作图，中国领土雄鸡的形状可以利用中国行政地图的挂图展示等。教学者如何实现根据课程内容、教学环境将现有的教学资源整合，使之最合理、有效地展示教学内容、体现效果也是对教学能力的考验。在线教育中还要强调利用有效学习理论指导教学、指导学习者进行研究性学习和探究性学习。

（4）内容表达

任何一次教学过程都是围绕一定的教学内容展开的，每次教学过程效果的好与坏直接取决于教学者对教学内容的理解和把握。学习者有个体差异，教学者同样也有，同样的教学设计、同样的教学内容，不同教学者的表达能力和方法各不相同。同样一首诗词，不同的教学者由于教学经验、生活阅历、学科功底的不同，其自身理解起来就会有差异，这样势必影响其传授给学习者的知识和能力的深度和广度。所以，教学内容涵盖全部教学内容和教学内容无科学性错误被设定为教学内容的评估点。在线教育为了丰富教学内容，可利用名词、背景等多方链接，展示教学内容。

（5）教学效果

针对性的教学目的，适合的教学方法，恰当的教学过程，最终的目的还是有效的教学结果，可以说教学效果是对教育者备课程度和课程视频教学水平的综合评估。根据有效学习理论，这里将教学效果部分的评估点设定在保证全体学习者的吸收率和注重每一个学习者的个性差异上面。

在线课程除了具有传统课堂教学的教育特点外，还具有一些在线课程特有的教学特点。评估重点应放在整体风格、教学资源、导航链接、交流互动、作业考核等几个方面。

整体风格就是整体风格与教学内容相适应，前后风格一致、可视性强，具有自身的风格和特色。教学资源包括充分应用各种媒体资源，素材剪辑、使用得当，与教学内容相得益彰，素材更新率高；导航链接包括导航链接设计合理，无空链接、假链接，导航人性化、跳转灵活方便；交流互动包括为不同网络环境的用户提供适合的交流方式，专人负责，及时、准确；作业考核包括在线作业题型多样、涵盖各教学内容、知识点，在线考试快捷、便利，反馈及时等。

3.在线教育教学支持服务评估

在线教育与传统教育比较起来，一个突出的特点就是它的教学支持服务系统。因此，有必要对教学支持服务进行评估。

除建立支持服务标准外，我们还应建立支持服务评价标准，对在线教育支持服务系统进行分析和评价，规范支持服务行为，有针对性地改进和提高。

支持服务的评价可采取教育机构评价和服务对象评价等多种形式，无论采用什么样的方式，对支持服务评价主要应围绕学习服务目标是否达到、服务对象的满意程度，以及服务的及时性、态度和质量等。

（四）质量评估步骤与方法

在线教育评估一般要经历确定评估对象和评估目标、制定评估方案、组织及培训评估人员、实施评估并提交评估报告、收集数据资料和数据资料的处理、对处理结果的分析反馈、撰写评估总结报告，与被评单位交换意见及整改等过程。

质量评估的准备阶段主要包括确定评估对象和评估目标、制定评估方案、组织及培训评估人员。评估对象的确定是在线教育教学评估的第一步，即确定评估客体；一般遵循导向性、易行性和客观性的原则；在线教育的评估目标则应由两部分组成：即教育评估共有的普遍价值标准以及在线教育特有的价值标准；在评估方案中，评估指标体系是核心，是进行在线教育教学评估的基础，要针对已经确定的评估对象和评估指标，来确定评估数据信息的来源以及采取何种技术和方法对数据信息进行处理。

实施阶段主要是按照评价方案规定的各项指标的采集方法收集数据；而处理反馈阶段则要对数据资料进行定量或定性分析；定量分析过程，要建立数学模型，设计相应的应用程序对采集的数据进行处理。

评估完成阶段主要是根据对数据分析处理的结果对教学活动进行评判，得出结论，以评估报告的形式做出反馈，与被评单位交换意见，提出改进措施，督促整改的落实。

了解质量评估的一般步骤后，有必要知晓其评估方法。质量评估通常有下列方法：

（1）一般调查法：常用的调查方法有资料查阅、现场座谈、实地观察等三种。这种调查方法，可以较快地得到反馈信息，评估专家到现场实地访问、观察、参与讨论、查阅资料，可以得到直接印象，收集到的数据较为可靠真实。但也有不足之处，如信息来源有一定的局限性，信息提供者易受访问者的主观影响，致使信息扭曲或失真，组织讨论占用的时间较多等。

（2）抽样调查法：抽样调查法就是根据统计学的原理，运用现代计算工具，通过对局部的调查，从而对整体进行评估的方法。对于在线教育系统进行评估时，运用一般调查法难以收集真实而又有广泛代表性的数据，因此，常借助抽样调查法。抽样调查法包括抽取样本的方法、调查表的设计、调查结果的统计分析等内容。

（3）比较测量法：比较测量法就是通过一定的手段将被测对象与作为测量标准的参照物相比较，从而对被测对象赋值的一种方法。比较测量主要用于对学习者的精神特性进行量化测定，比如对学习者的学习能力、学业成绩以及思想品德等的测定。由于教育活动具有一定的抽象性，作为测量的标准往往也具有一定的抽象性，并且由于每个评估人员心目中的标准可能有所不同，因此测量的结果可能因人而异，为了使测量的结果更准确客观，测量的标准应该是大家公认的或者是事先约定的。比较测量法有直接比较、间接比较、统测、抽测等几种方法。

（4）专家评议法：就是组织相关领域的专家，运用他们的专业经验和理论，研讨评估对象的性质，考虑对象所处的社会环境和背景，通过直观材料，对过去和现在发生的问题进行

分析综合，并从中找出规律，然后做出价值判断的一种方法。常用的专家评议法，有个人判断法、专家会诊法、函询调查法等三种。函询调查法指的是通过向有关专家邮寄调查表以获取评估结果的方法。

（5）定量评分法：来源于价值工程分析法，是根据对象的具体情况，选定评估项目，并对每个评估项目制定出评价和评分标准，然后由有关专家和评估人员对各个评估项目进行打分的方法。对于每个评估专家的评分结果通常要进行加权平均处理以便得到更客观的结果。

（6）模糊评价法：又称为模糊综合评价法，它是与定量评分法相对的一种定性评价方法，评估人员根据所掌握的评估材料和数据对评估项目进行定性的等级评价，然后再用模糊数学的方法对每一个评估人员的评价结果进

行综合，从而得到客观的评估结论。模糊综合评价法对于多因素情况下的定性评价的量化及评估结果的整合方面都有重要的应用。

若按评估方法的用途来分，前三种评估方法属于对评估信息的收集和处理，后三种是依据评估信息对被评对象的综合判断。评估方法虽然较多，但在实际的评估中一般没有固定的模式，常常需要根据评估的目标、被评对象的特点等灵活运用各种评估方法。

具体到在线教育的评估，由于在线教育在教学模式、学习者特点以及管理方式等方面与传统教育有很大不同，因此在评估方法的选择上也要有所侧重。具体从以下三个方面来分析：

①在线教育的教学模式主要是基于信息网络实现，通过调研发现，在线教育的教学模式中，互联网已经被广泛应用，因此只有通过网络才能真正了解被评机构的教学实施情况，也只有充分利用网络化手段才能更好地进行评估。

②在线教育的师生在地域上是分离的，学习者并不是集中在校园内学习而是分散在各处并由当地的学习点具体负责教学和管理，因此，对学习者的访谈和现场问卷调查以及直接测量等难以实现，但是由于在线教育的学习者需要掌握较多的信息化学习手段，因此，通过网上问卷调查来了解其学习情况和各方面的意见就很容易实现。

③在线教育的管理主要通过信息网络等技术手段来实现，大多数在线教育机构都有自己的专用在线教学管理平台，有的是自行开发的，有的是通过技术公司专门开发的，还有的是联合开发的。教学平台的功能不尽相同，一般包括课程开发、信息发布、课件管理、答疑、作业提交、在线考试和教学管理等功能。

所以进行质量评估时，采用何种方法，要根据具体情况而定。五、质量评估标准体系

国外在线教育质量评估指标体系一般都非常关注用户反应，强调教学过程的质量，强调投入产出的计算，强调现代企业管理思想的引用和借鉴。例如美国高等教育政策研究所经过深入调查和研究，2000年4月的《在线教育质量：远程互联网教育成功应用的标准》研究报告，其评估标准是在总结美国

多所大学网络教学经验的基础上而得出的，其整个远程网络教学的质量评估系统被分为7个项目，24项评估标准。这7个项目是：

①学校支持评估指标；

②课程开发评估指标；

③教学过程评估指标；

④教学组织评估指标；

⑤学习者服务评估指标；

⑥教师培训评估指标；

⑦教学效果评估指标。

有些国家的质量评估标准在全国各高校通用，比如英国开放大学的教学质量与英国传统大学等同，并在美国各大学得到认可。由于英国开放大学的质量保证和质量监控与传统高校是同一系统，所以它是一所独立的大学，对自己的课程、教学、评价和考试等有关的质量标准负有责任。

我国借鉴国外经验，由现代远程教育技术标准委员会，于2001年10月发布了现代远程教育标准体系，将远程教育标准分成26个子标准，包括总标准、教学资源相关标准、学习者相关标准、教学环境相关标准、教学服务质量相关标准和本地化标准等方面，并确立了一些跟踪研究课题以及各子标准制定的优先级别，现已初步形成了一批标准的草案。另外，国内的开放大学和部分高校也在探讨这方面的问题，如"中央电大人才培养模式改革和远程开放教育试点研究项目"中，第七个子课题就是现代远程教育质量保证体系和教学评估的研究与实践。

在线教育的评估体系是在系统要素分析的基础上，从可知的影响学习者学习效果（或学习质量）因素中，关注其主要因素，因此可从管理、教学者和学习者三个维度来制定在线教育质量评估标准。在管理方面主要是管理理念、课程设置、分站建设、技术保障、教学科研和教务管理六个方面。对教学者的评估应包括竞聘机制（条件必须满足教学基本要求）、责任感和在线教学能力三个方面。在学习者维度，则分别从入学机制（注册学习、起点水平）、学习需求和自主学习能力来衡量。各指标的权重可采用特尔菲法和专家意见平均法来确定。以上三个维度属于静态评估，完整的评估体系还应该考查教学交互过程和学习者之间的交互活动，也就是说要进行动态评估。

对在线教育的教学评估模型研究相对薄弱，特别是在线教育的教学评估模型研究，到目前为止，还没有相对完整、全面的适合在线课程理念的评估模式，即使有也往往是运用传统课堂教学的评估模式或者电教课程、借助网络技术的课堂教学的评估模式，作为在线课程的临时评估模式，在使用过程中就会发现这样或那样的问题，这是由于在线课程与传统课程、电教课程、借助网络技术的课堂教学的不同所引起的，例如与传统课程相比较，在线课程中教与学两个教学过程的顺序与传统课程不同，传统课程教与学是交叉的，同步进行的；而在线课程教学过程是在视频录制过程中先期完成的，而学习过程则是每一个学习者在网络终端前独自进行的。这样就导致在进行实际教学活动组织时，教学者无法即时获得学习者的学习状态和心理状态，这就势必影响教学者对教学进度的掌控，最终影响学习者的学习效果。

在传统课堂上，师生间可以随时活动交流，而在线教学的课程中往往师生间在时间上和空间上都是有分隔的，虽然也可通过网络交互，但显然师生互动这一评估点，在这两种课程模式中的权重应该是不一样的。也就是说，在传统课堂式电教课程中师生互动一项的权重应该加大，而在线课程中则应该相应减少权重，而增加其他评估点的权重。同样，传统课堂上电教课程与研究型课程在教师导引上的侧重也是不同的。

使用单一的课程评估模型来评估在线课程中多种多样的课程模式会有失公允，缺乏全面性和科学性。必须根据教育目标的一致性，制定出在线课程评估模型的原型，涵盖教育过程中教育自身与教育支持的全部评估点，然后根据不同学科类型自身的特点，调节每一个评估点的权重，也就是分数值，制定出各自的评估模型，从而形成一套完整的在线教育课程评估体系，以此全面而有针对性地评估和指导在线课程的教学过程。简单地说，就是多样的学习者学习多样的课程，而多样的课程要有多样的评估。因此，在线教育评估也必须是多样的。

四、在线教育的质量认证

在线教育的质量认证本质上就是教育质量的外部管理或外部质量保证。

外部质量保证主要有两方面的工作：一是建立评估指标体系，二是建立认证机构，而前者既是质量评估的主要任务，又是质量认证的前期工作，但长期以来教育行政部门在建立评估指标体系方面做了大量工作并有很多现成经验，因此，很多都是官方机构制定的标准；而对质量认证机构的建立则纯属于质量认证的工作范畴，是一个正在研究和发展的领域。

（一）质量管理体系

质量管理是指在质量方面指挥和控制组织的协调的活动。质量管理通常包括制定质量方针和质量目标以及质量策划、质量控制、质量保证和质量改进。质量管理是一种过程性活动，包括计划、组织领导、控制、协调等，实施的主体是组织本身，实施的对象是生产过程或服务过程。在线教育质量管理就是在制定质量方针和目标的基础上，研究如何对在线教育的质量进行控制，以保证在线教育能够达到预期的目标，并对质量评估结果进行分析以便改进教育质量，在线教育质量管理的主体应是在线教育机构本身，而管理的对象则应是整个在线教育服务的过程及要素。在线教育还应当有监督主体，监督主体的作用是促进质量管理水平的提高，其必然主体应是国家、教育行政管理部门、社会以及个人，也就是说质量管理应当受到全社会的监督。

在线教育质量就是指在线教育的好坏优劣程度，是在线教育能满足社会及学习者的需求程度。在线教育质量是衡量在线教育教学工作的综合指标，它几乎涉及在线教育教学的各个方面。在线教育作为一个动态的、开放的系统，不仅受到在线教育内部各要素的影响，也受到周围环境和系统的限制和制约。而在线教育质量管理体系是为提高和保证在线教育质量而制定的一系列措施，是使在线教育按照已确定的培养目标和质量标准，组织实施的各种保证措施、监控手段、评估系统、反馈系统等组成的有机整体。简单地说，在线教育质量管理体系是由在线教育质量的各要素有机结合而构成的整体。目前，国内外学者对在线教育质量管理体系的构成要素及划分依据有不同的见解，综合国内外学者的各种观点，在线教育质量管理体系的基本要素及其划分可概括为：

外部要素主要有：在线教育的定位及取向、在线教育的理论基础、在线教育的国家政策法规支持、在线教育的经费保障、在线教育评估与认证、在线教育质量监督、在线教育发展规划、在线教育的道德与心理教育的建设、在线教育质量管理体制与运行机制、其他社会因素等。

内部要素主要包括：在线教学资源开发、在线教学策略、在线教学模式、网络技术支持、在线教学管理、在线教学系统设计、网络基础设施建设、在线教育师资队伍建设、在线教学的组织与管理、在线教学过程的实施与评价、考试内容和方式、其他学习者的影响、组织机构设置等。

（二）在线教育质量管理体系的建设

在线教育的质量管理体系现在大多借鉴ISO质量管理体系来实现。ISO质量管理体系是质量管理和质量保证的标准，具有标准的属性，而对具体组织而言，操作性更强，要求也更加严格。全面质量管理是一套概念和技术方法，不是一套标准，各种组织在实施时，可以更加灵活和多样化，两者有很强的互补性。因此两者可以很好地结合起来，使在线教育的质量管理得到更大程度上的改善。

由于当前只适合将全面质量管理的核心思想运用到在线教育的质量管理中，因此，只能是初步构建全面质量管理模式，而非建立真正的全面质量管理体系。基于这种出发点，仍然需要把在线教育质量管理的注意力集中于整个在线教育的全面管理，并改进与质量管理有关的所有工作和活动。要树立"以顾客为中心"的教育服务观念，根据全面质量管理核心思想的要求，建立"以顾客为中心"的教育服务观，就是要使教育的所有工作都要以学习者的需求为中心，使之形成服务网络，服务网络必须要尽可能包括教育的全过程，以实现提高在线教育质量和效益的目的。

在线教育是教育现代化的重要标志之一。要建立完善在线教育质量管理体系，就应当在以下方面深入探究：

1.革新观念，科学定位在线教育的社会功能

在线教育的使命不应以学历教育为主，其价值体现应当转移到继续教育的层面上来，这是国家教育发展的现实和《国家中长期教育改革和发展规划纲要》所规定的。为此，在线教育的着重点应该落在职前培训、在职培训、职业技能培训和提高人文素养、科技水平、创新能力、生活知识技能等

层面上来。继续教育是复杂的、多元的、多层次的，因而，其实践操作更需具有阶段性、发展性、科学性。这是由时代和社会的发展，由教育社会化、社会教育化的终身教育理论与实践发展所决定的。在线教育机构要根据办学定位、社会需求来合理设置学科专业结构，打造在线教育优势学科、特色专业、精品课程，使在线教育的内容体现其基础性、实用性、时代性和动态性的特征，帮助学习者解决学科领域和现实中的实际问题，促使学研结合，培养既懂专业知识，又有应用技能的高素质人才。

2.在线教育要有明确质量目标

在线教育是实现终身教育、终身学习的有效途径，旨在促进学习型社会发展，创造时时处处学习的环境和条件，让人生每一个阶段都过得充实美好，在提高知识、技能的同时，获得较高的人文素养、专业能力、学习能力、创新品质以及适应经济社会发展需要的综合能力。为达此目的，在线教育必须做到具有高级职称的教师须占主讲教师总数的85%以上；在线教学的设计必须包括研究生、本科、专科、继续教育、职业教育，而更多的是在职教育应用项目等多元化项目；学习者综合满意度大于或等于70%；核心课程网络教学资源提供率为100%。只有如此才能确保在线教育的质量。

3.在线教育开设课程必须是动态的

课程理论证明，任何课程都是动态发展的，在线教育课程同样如此，要满足群体持续不断的需要，在线教育机构必须很好地研究社会的发展、研究各类群体、研究新兴行业和社会需要，做到课程开发的实用性、针对性和前瞻性。此外，在线教育课程的开发同样需要遵循多元化、多规格、大众化、多层次的原则，不能一劳永逸，课程的开发需要随时更新、补充、完善内容，使其变得丰富多彩，做到各取所需，学有所用。在线课程的教学设计和内容编排上突出先进性和实用性，注重在全媒体课件的开发、教学的呈现形式、教学内容的设计等方面的科研创新，多出精品课程，以满足学习者需要。

4.在线教育管理队伍必须专业化

专业化的在线教育管理者是教学资源的管理者、协调者、开发者、实施者，关系到在线教育资源硬件与软件的整合、调配与使用质量，是在线教育质量管理体系中最直接的影响因素，关系到在线教育的可持续发展，在在线教育教学过程中发挥着不可替代的作用。这些管理者主要负责学习者的学习辅导、网络资源的上传、网络答疑等网上教学的辅助工作。他们在日常的教学管理过程中，发现问题并及时地反馈给主讲教师，以确保教学活动的有效开展。管理者队伍可以由教育机构具有较高网络应用能力并熟悉网络教育规律的青年教师构成，或者选聘一定数量的在读博士或硕士研究生担任助教、教辅工作，充足的管理者队伍是保障在线教育教学质量的重要环节。

5.在线教育师资团队必须是专职与兼职结合

在线教育质量管理体系中，打造一支素质优良、富有强烈责任感和开发精神的优秀师资团队是提高在线教育质量的关键。由于基于网络的学习更多地体现为自主性、选择性、自觉性，因而教师的角色在在线教学过程中不再处于核心地位，而是转到了教学平台的后方。他们是学习的引导者和指导者，这种角色的转变更加需要教师孜孜以求的职业操守和敬业精神。这支专兼职结合的教师队伍应由各高校的学科专家、教授及行业学者组成，发挥他们深厚的学术背景、专业知识和社会实践经验优势，并由他们担任精品课教师。只有不断强化教育办学机构的在线教育师资优势，才能最终获得在线教育的可持续发展。

6.在线教育学习支持系统应当优质完善

要建立优质完善的在线教育学习支持系统，一是要通过在线教学管理平台为学习者提供学习资源和指导服务，及时在网上发布各专业教学计划、精品课程、作业等教学信息，指导教师与学习者通过及时通信、电子邮件、交互论坛、双向视频技术等形式，进行教与学的互动交流。二是促进网络资源的共建共享，充分发挥各高校的教育资源优势，面向学习者开放数字图书馆、网络阅览室，使他们共享数字化资源和服务。三是加大信息化教学模式建设力度。信息化环境下的教学既是对传统教学的继承，同时也是对技术环境下教学新模式探索与建构的过程，是将各类教学模式的结构成分与技术应用条件之间的"整合"过程，它是基于课堂讲授式的教学、基于问题探究式的教学、基于案例的教学模式、基于资源的自主学习、基于Webquest网络的探究学习、基于ICT的协作性学习。信息技术为教学模式的发展提供了丰富的资源、工具以及交流与合作平台，是未来教育发展的重要趋势。

7.全程监控教学过程是在线教育的坚实基础

要提高在线教育的质量，必须以办学机构、学习者个人、学习资源以及学习过程监控管理为抓手。一是建立"学分银行"制度探索，给更多的学习者得到实惠，一方面可以心随所愿学习想要学习的课程，另一方面，当学分积累达到一门学科所规定的数量和层次时，学习者可取得相应的学历或学位证书。二是对教学过程的全程监控与管理是提高在线教学质量的重要环节，在线教学更多地体现为学习者自主、自控的学习过程，因此，应加强日常教学质量过程管理。建立全方位、全过程的监控体系，包括教育机构对教学计划的监督和检查、对学习者学习过程的监控、教师与学习者之间交流以及作业提交质量、发现问题与解决问题的能力等。三是采取多样化手段对学习者的学习效果进行科学合理的评测。学习者学习量化评价指标，包括自主学习的态度、作业提交与完成质量、师生及学习者的学习交流、参与提问与答疑、发现问题与解决问题的能力、课件点播次数、课件学习时长、讨论发帖数量、终结性考核成绩等，对各种评价指标进行量化，以数据形式呈现出来，对学习进行综合考核，全面地测评学业成绩，做到教学相长、管学共赢，以灵活多样的学习形式促进成年群体的素质提高和继续学习社会化。

8.科学权威的论证评估是在线教育教学质量的保证

首先要建立科学权威、结构合理的在线教育论证和评估机构。我国高等教育评估中政府"管制"较多，造成了教育质量监管机制的畸形，因此，要加快由政府主导型的评估体制向政府、教育行政部门、社会团体等多方参与型评估体制的转变，形成开放性、多维度、多主体评价模式，使在线教育的质量管理工作处在政府、行政部门和社会各界的共同监管下，有效确保办学质量认证和评估活动的客观和公正。其次，要建立科学规范的认证和评估管理制度。实行周期性的认证和评估制度，对在线教育办学机构进行定期考核评估，坚决摒弃一劳永逸的认证制度，促使在线教育办学机构不断提高办学水平，持久保持自身的教育质量。三是要确立多元化的认证和评价标准。评价在线教育质量的高低，要与办学目的、办学层次等不同种类的教育服务紧密联系，评价的标准、原则和方式也应该是多元的。例如，评价主体、评价信度和效度的确定等，这些因素直接关系到对在线教育质量的客观评价。

四是要建立评价信息反馈系统，确保在线教育认证和评估的有效实施。认证和评估机构要对教育办学机构进行公正、权威的综合性考评；在线教育办学机构则要强化主体意识，完善自身评价机制，发现不足，积极改进，以达到"以评带管、以评促进"的目的。

（三）质量认证机构

在线教育认证机构就是对在线教育进行外部认可与监督的部门。目前，国内对高等教育外部质量保证的探讨刚刚开始，所以这里介绍一下国外高等教育认证机构建立的情况，而在线教育的认证机构的建立可以借鉴国外高等教育质量认证的经验。

英国比较有代表性的认证机构是高等教育质量保证署。它的最高管理机构是一个由14人组成的理事会，其中4人来自高校（由所在高校副校长指定），4人是高等教育基金委员会成员，6人为社会人士。

美国高等教育系统在长期的发展历史中也形成了较为完善的鉴定与评估体系。由于美国实行地方分权的教育管理体制，高等教育鉴定主要是由非政府的、自愿参加的院校协会或专门职业协会所属的鉴定机构负责进行的，鉴定在总体上也可以分为针对高校整体而言的院校鉴定和针对专业进行的专业鉴定两大类。由于这种鉴定得到联邦政府、工商界、私人基金会等的广泛认可，因此，是否经过鉴定对美国高等学校的声誉和办学都有很大的影响，美国无论哪种模式的远程高等教育机构都予以高度重视。由于美国高等教育鉴定机构已经确立了较为完善的鉴定指标体系，对高等教育机构各方面都有明确的规定，通过这样的鉴定，美国原有的高等教育鉴定体系对远程高等教育的发展也同样起到了质量保证的作用，如在学习者评定与考试环节，许多远程教育提供者根据地区鉴定机构的规定制定了专门的保证措施，用于评定远程教育的学习者。

国内对教育系统的评估多数是由政府内主管教育的部门实施的，属于一种官方行为，针对教育行业进行质量认证的第三方机构以及把对本行业进行质量评估纳入日程安排的行业协会寥寥无几，更不用说在线教育领域了。借鉴国外成熟的经验，建立独立、自治的认证机构是在线教育行业建立质量保证体系过程中的首要问题。

针对高校在线教育质量认证机构建立的具体事宜，国家正在组织专家研讨。目前尚无真正独立的中介评估机构，可以从实力较强的高等学校高教研究院中，有合适人选的专业学会、社会团体中培养、衍生出一些专业评估机构。亚太地区教育局高等及远程教育计划专家王一兵指出，"全国46所电大和众多的网络学院，是中国开放、远程教育群体，在服务对象、教与学的模式、管理、技术依托与事业等方面，有其自身特点，应设立专门委员会，作为一个独立院校群体进行评估"，建立独立、自治的专门评估、论证机构，其独立地位应通过立法或国务院行政命令的形式予以保证。它应当有权在有关法律指导下确定评估标准，有权选择和培训评估专家并建档，有权在系统评估后独立做出自己的结论，不受行政干扰。同时要逐步开展专业评估，便于在线教育机构互相监督专业教学质量。

评估程序一般是先要求教学单位提出自我评估报告，然后组织同行专家队伍，在研读提交的报告的基础上，就评估指导思想、评估内容等进行考察，然后组织专家赴实地考察、查核，同时利用网络对评估数据进行调查；第三步是准备评审报告，报告定稿前要呈送教学单位提出意见，合理者加以吸收，或者将教学单位保留意见附上；最后一步是正式公布评审报告。

为了提升我国在线教育的教学质量，2016年教育部开展了教师在线教育技能认证，但教育信息化发展至今仍然面临着一些深层次问题，优质教育资源的开发模式和有效应用机制尚未形成，信息技术与教育教学的融合仍不够深入，教育装备使用率低，教师信息技术应用能力亟待提升，无法满足信息化条件下的教学需求。这些都有待于深思与解决。

第六章　在线教学实践与研究

第一节　基于教学团队的在线教学研究意义与研究内容

开放大学一直以来坚持系统办学，面对学员数量较多（同一门课程学员数量往往从几百、几千人甚至到几万人）、学情复杂（学员年龄、职业、学习背景、学习目标、学习习惯等情况各异）等实际情况，仅靠课程责任教师（主持教师）的力量根本无法高质量完成如此大规模的在线教学任务。因此，发挥系统办学和跨区域网络教学的优势，依托教学团队，发挥系统优势，集合优质师资，借助团队力量，开展系列教学活动，如：直播教学、专题讨论、案例分析、教研活动、在线答疑等多个教学实施环节，从课程的建设与教材的改版，学习资源的建设与完善，在线教学的组织与管理，课程的考核与评价等多个方面，持续推进在线教学的实施，不断提升在线教学的效果。

第二节　基于教学团队的在线教学设计

一、教学背景

1.课程概况

《网络实用技术基础》是河北开放大学开放教育"大数据技术"专业的一门专业课。课程主要介绍计算机网络的基本知识、基本理论和基本应用等方面的内容。通过课程的学习，学员能够初步掌握计算机网络体系结构，网络设备与组网方案，接入技术，路由技术，网络配置，网络调试与管理，网络安全协议，移动互联技术。掌握计算机网络概念与功能，网络拓扑结构与传输介质，互联原理与协议，文件传输服务FTP配置，域名服务DNS配置，电子邮件服务EMAIL配置，网络应用安全等计算机网络的基本原理与技术，并具备局域网设计与配置的初步能力，了解和掌握计算机网络实现中的基本原理和技术，并以此来指导学习者从事相关的实际工作，达到学以致用的目的。

2.学习资源

课程常规学习资源比较丰富：包括文字教材、录像视频、网络课程和网上教学资源等内容。在线课程资源包括课程导学、每章辅导、形考任务、视频课堂、复习指导、课程实验等八个栏目，以满足学员的日常学习需求。

3.学情分析

参加学习的学员均为成年人，成人学员有自己的学习目标和需求，他们希望通过学习来解决实际问题或提高自身能力，丰富和提升经验，因此，他们更加希望学习内容有用、实用、好用。另外，成人参加在线学习的时间和空间相对比较灵活，但同时还需要做好自我管理和组织，培养自我管理能力，如时间管理、任务管理等以此来提高学习效率和效果。

二、教学设计

根据以上课程概况、学习资源和学情分析，制定课程团队的具体教学组织计划：

（1）《网络实用技术基础》课程教学团队在课程总体教学目标和学习大纲的基础上，形成具体的在线教学实施方案，直接组织和开展面向全体学员的系列在线教学支持服务。

（2）针对成人学员的学习特点，有计划地开展课程导学、章节领学、重点辅导、专题讲座、小组研讨等学习活动，引领学员梳理课程内容，抓住重点难点，了解学科动态，加强师生互动。帮助成人学员提高在线学习效率和效果，实现自我提升和职业发展。

（3）利用教学直播平台组织面向学员的视频教学辅导，开展各种主题的线上直播教学活动。

（4）组织教学团队全体教师定期进行在线视频教研活动，梳理在线教学过程中遇到的各种问题，探讨课程教学过程中的细节，提升在线教学的质量与效果。

（5）指导学员使用学习网开展有效的在线学习，组织开展课程的实时和非实时的答疑服务，解决学生学习过程中遇到的各类问题和困难。

（6）监控学员在线学习情况，如在线学习时长、在线学习行为、完成在线作业情况等，及时发现问题并解决。

（7）积极开展基于教学团队的在线教学研究与课程改革。

（8）撰写团队工作报告，总结分析团队运行、课程思政、教学过程落实、在线教学效果等方面的经验和问题，研究提出改进措施。

第三节　教学团队建设

一、教学团队建设

课程教学团队由1名团队负责人和8名核心成员构成。

课程教学团队负责人为《网络实用技术基础》课程责任教师，有二十年的开放教育课程教学和专业管理经验，熟悉本课程教学环节的整体运作模式与教学改革趋势。多年来，一直致力于专业和学科建设，具备团队负责人所需的学术水平、教学能力和管理协调能力。

团队负责人是课程教学团队建设和运行的领导者，对团队建设和教学实施的效果负责。团队负责人的主要职责包括：团队的组建；课程教学团队的日常组织、管理和效果评估；与核心成员一起完成课程内容及教学过程的设计、实施、检查、评价；与核心成员一起开展教学研讨，充分调研了解教学过程和学习情况；对团队成员进行教学指导，带动团队成员业务和学术的成长与发展。

课程教学团队成员是长期从事开放教育计算机专业教学工作的专职教师，均为在学术水平、教学能力等方面突出的优秀教师。团队成员的主要职责是协助团队负责人开展课程设计和教学组织环节的相关工作，承担教学研讨、教学指导和检查、教学直播、教学总结和评价、调研培训等团队教学管理任务。

二、团队工作机制

（1）团队负责人负责课程教学团队的整体工作计划、安排、推进与实施。核心成员的主要职责是协助团队负责人开展课程设计和教学组织环节的相关工作，共同承担教学研讨、教学直播、教学答疑、教学指导和检查、教学总结和评价、调研培训等若干项教学管理任务。

（2）团队负责人牵头，团队成员共同商讨制定每学期的团队工作目标。

（3）团队成员团结合作，密切配合，合理分配各项工作任务。明确分工、责任到人。

（4）合理配备团队成员，根据团队实际工作需要，不定时地团队成员进行招募和调整。

（5）根据课程实际教学情况，计划、安排并开展各项教学工作，指导各个教学点开展课程的日常教学，保证在线教学质量。

（6）在工作过程中，教学团队进一步加强师德师风建设，加强课程思政的落实。

（7）依托课程团队群开展团队工作部署、日常工作交流、教学业务研讨及教研活动。

（8）依托课程平台和课程教学群发布团队教学及网上答疑活动安排等信息，随时为学生答疑解惑、提供教学信息咨询服务，引导学生积极参加团队教学活动，指导学生有效开展自主学习。

（9）依托直播平台开展直播教学活动以及团队教研活动。

第四节　基于教学团队的在线教学实践过程

一、落实课程思政

课程教学团队始终将落实课程思政作为团队工作的一项重要内容，贯穿教学团队的各项工作中。

在教研活动中，团队教师着重就团队活动中如何挖掘、融入课程思政元素等内容进行讨论并提出意见和建议：如将网络新技术、新方向作为专题直播课开展，同时将信息技术的飞速发展、我国科研实力的迅速增强、祖国的综合国力的大幅提升等思政元素内容融入到直播教学中。虽然《网络实用技术基础》课程是一门理工类的专业课程，但是只要深挖掘、勤探索、敢尝试，仍然有很多可以开展课程思政建设的元素，通过团队成员的共同努力，也一定能够达到课程思政立德树人的根本目标。在教研活动中，每位团队成员发言积极，反响热烈，教研活动可取得良好的预期效果。我们还将继续从工科计算机专业课程教学思政元素的挖掘与发现，到课程思政的形式与融入进行积极有效的专题研讨与实施。

在直播教学中，团队教师从多个角度，多个方面将课程思政融入到直播教学中。例如：将网络新技术结合课程知识点融入直播教学中；将热度较高的社会事件结合课程内容进行解析；将社会关注度较高的网络安全事件与直播内容相结合等等。在直播教学过程中，团队成员发挥各自的优势与特长，选取不同专题或主题的直播内容，直播教学取得良好的教学效果。

围绕课程思政的落实，教学团队成员进一步认识到实施课程思政是新时代每一名教师应该担负的历史使命，每一门专业课程所蕴含的育人价值是需要教师深度挖掘的，课程的育人策略和方法是需要教师精心设计的。在实践教学中，团队成员逐步明确了四个转变，即教师要自觉由"讲授者"向"引导者"转变、教师要引导教学活动的中心由"教"向"学"转变、教师要引导学生的学习方式由"被动性学习"向"主动性学习"转变、教师要引导学生的地位由课堂的"客人"向"主人"转变。力争达到"润物于无声"和"无声胜有声"的效果。

二、完善教学资源

课程在线学习平台资源比较丰富：其中课程导学、每章辅导、形考任务、视频课堂、复习指导、课程实验等八个栏目共计文本资源68个，视频资源共计110余个，能够满足学员的日常在线自主学习需求。本着适度、够用的原则，随着课程团队直播教学工作的开展，每年由课程团队面向学员开展4~6次在线直播课程，目前已有二十余次直播视频，这些直播课程将作为补充资源对现有课程资源进行完善与丰富。

三、丰富直播教学

在线直播课是教学团队的一项重要工作内容。直播教学面向的是课程全体学员，因此如何在现有课程资源的基础上，选择合适的直播主题和内容，把成人学员吸引并留到直播课堂，是教学团队重点攻克的难题。《网络实用技术基础》课程是一门系统性、理论性和实践性都很强的课程，同时网络信息技术飞速发展，新技术、新应用不断涌现，丰富着课程的内容。因此通篇的、传统课堂式的理论讲解肯定不能满足学员的学习需求。教学团队充分发挥团队的优势，不断探索直播教学的内容和形式，尤其是积极探索工科计算机类专业课程的在线教学。直播教学内容丰富、体系完整，既有课程知识脉络的梳理与重难点内容讲解，又有热点专题讲座与分享，充分满足学员对课程及相关内容的学习需求。

（1）课程重点、难点的系统讲解。教学重点和难点是整个课程教学的核心，是完成教学任务的关键，也是教学设计的重要内容。在直播教学中，重点突出，难点明确，对于学员掌握课程总体知识脉络，高效完成学习任务是必不可少的。

（2）实操性内容的讲解与演示。用直播课的形式展示实操性内容，更要讲究教学的方式和方法，这对授课教师提出了更高的要求。教师需要引导学生首先对理论内容进行复盘，然后对实操过程进行示范与讲解，在这个过程中还要不断地引导学员进行主动思考，引导学生应用已学的理论知识并结合相关的实训知识完成实操内容。直播课的授课形式增加了授课教师的展示难度，教师往往需要边操作边讲解，同时还要回答学员的问题。学员普遍对于这种形式的直播课热情比较高，如校园网的建设与实现、网络共享等主题的直播授课均受到了学员的热烈欢迎。

（3）新技术、新应用专题讲座。网络信息技术飞速发展，新技术、新应用不断涌现。在直播课中适当地增加网络新技术的专题讲座有利于拓宽学员的知识面，增加学员的专业视野。网络安全、人工智能技术和5G技术、大数据、物联网、区块链等这些新兴网络信息技术出现在直播教学中，不断丰富直播课内容，吸引了大量的学员的关注与收看。

四、日常巡课与答疑

日常巡课与答疑是在线教学的一项常规任务，也是团队教师每天都需要完成的工作，更是保障在线教学效果的重要环节。通过日常巡课，团队教师及时了解教学平台运行现状，在线学习资源的使用情况以及学员参加在线学习的实时数据，掌握课程的整体教学情况。日常答疑是教师与学员进行沟通交流的主要途径，在学习过程中有任何问题学员通过课程平台讨论区发帖，团队教师第一时间进行答疑解惑，为学员提供及时的教学支持服务。

五、活跃主题研讨

主题研讨中，团队成员和专业教师积极围绕如何开展、优化在线教学设计与组织实施等方面进行研讨和交流。团队成员分别就怎样能更好地、更有效地把学生吸引到网上课程平台，吸引到我们的直播教学，吸引到我们的课程讨论与答疑中各抒己见。大家一致认为，我们的学生虽然是成人学员，但是依然有旺盛的学习需求，因此，在教学团队工作中：一要充分调动辅导教师和导学教师在导学、助学、促学、督学方面的作用，形成教与学的有效联动；二要立足学校分级办学的实际，统筹系统师资力量，形成上与下的整体联动；三要加强团队自身规范性建设，切实为学生提供有温度、有深度、有效度的学习支持服务；四要注重利用网上师生行为数据进行精准教学，提高团队运行效果；五要加强工作创新，积极探索特色鲜明的网络教学团队管理模式和运行机制。通过教研活动，激发了团队教师积极性，提升了教师专业发展能力，增进了教学团队的凝聚力。

六、开展教学教研

积极开展专业课程的相关教学研究，教学科研齐头并进。依托课程团队开展多项教学研究课题，涉及在线教学模式改革、成人在线教学课程思政建设、学习型社会的构建等内容。一方面通过课题研究带动专业课程的教学改革与创新，另一方面通过课题研究锻炼了团队教师之间的协作能力，提升了一线教师的科研水平，增强了团队教师在线教学的综合实力。

第五节　基于教学团队的在线教学效果

一、课程问卷调查及分析

为了更好地了解学员在线学习实际情况，及时发现问题、解决问题，为学员提供更加及时周到的教学支持服务，教学团队利用问卷星进行了一次开放教育学员《网络实用技术基础》在线课程学习满意度调查问卷，共回收有效问卷212份。教学团队对问卷结果数据进行分析，并以此为依据对课程教学支持服务进行完善与改进。以下为课程满意度调查数据以及部分问卷结果：

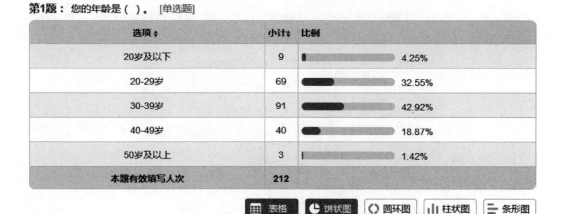

第1题： 您的年龄是（ ）。　[单选题]

选项 ⬍	小计 ⬍	比例
20岁及以下	9	4.25%
20-29岁	69	32.55%
30-39岁	91	42.92%
40-49岁	40	18.87%
50岁及以上	3	1.42%
本题有效填写人次	212	

▦ 表格　　◔ 饼状图　　◍ 圆环图　　▯▮ 柱状图　　☰ 条形图

图6-1　课程满意度调查数据及问卷结果

第2题：您的性别是（　）。 [单选题]

选项 ⇕	小计 ⇕	比例	
女	97		45.75%
男	115		54.25%
本题有效填写人次	212		

图6-2　课程满意度调查数据及问卷结果

第3题：我认为课程学习平台页面布局合理，导航清晰，学习路径明确。（　） [单选题]

选项 ⇕	小计 ⇕	比例	
非常赞同	168		79.25%
基本赞同	33		15.57%
一般	10		4.72%
不太赞同	0		0%
不赞同	1		0.47%
本题有效填写人次	212		

图6-3　课程满意度调查数据及问卷结果

第4题：我认为课程导学内容简洁、清晰，学习后我能清楚地介绍了课程目标、要求、教学安排等。（　） [单选题]

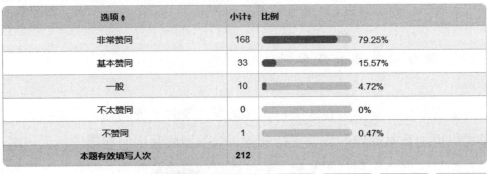

选项 ⇕	小计 ⇕	比例	
非常赞同	170		80.19%
基本赞同	30		14.15%
一般	10		4.72%
不太赞同	1		0.47%
不赞同	1		0.47%
本题有效填写人次	212		

图6-4　课程满意度调查数据及问卷结果

第5题：

我认为课程学习内容难度适中，符合我的认知水平，大部分内容通过学习后我能理解和掌握。（　）[单选题]

图6-5　课程满意度调查数据及问卷结果

第6题： 我认为教师能及时回答我提出的问题，并为我提供课程学习的教学支持服务。（　）[单选题]

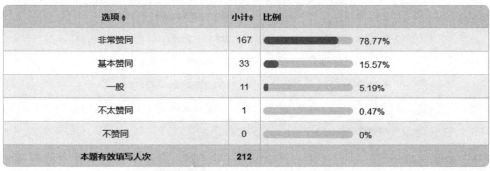

图6-6　课程满意度调查数据及问卷结果

第7题：

我认为通过学习，我达到了课程学习目标要求，获得了预期学习成果，掌握了相应的知识和技能。（　）[单选题]

图6-7　课程满意度调查数据及问卷结果

第8题： 本学期您观看了本课程的几次直播教学活动（国开和河北分部组织的直播教学都计入）？（　）[单选题]

选项 ⇕	小计⇕	比例
3次	128	60.38%
2次	50	23.58%
1次	26	12.26%
0次	8	3.77%
本题有效填写人次	212	

表格　饼状图　圆环图　柱状图　条形图

图6-8　课程满意度调查数据及问卷结果

第9题： 您对本课程直播教学的内容和形式（　）。[单选题]

选项 ⇕	小计⇕	比例
非常满意	168	79.25%
基本满意	34	16.04%
一般	6	2.83%
不太满意	3	1.42%
不满意	1	0.47%
本题有效填写人次	212	

表格　饼状图　圆环图　柱状图　条形图

图6-9　课程满意度调查数据及问卷结果

第10题： 您对本课程教学支持服务的意见和建议：

搜索答案文本　　搜索　　关键词分析　　　　　☑过滤空选项　导出Excel ❓

序号	提交答卷时间	答案文本	查看答卷
191	11月27日 22:55	很好	查看答卷
192	11月28日 08:40	很好	查看答卷
193	11月30日 11:08	老师多讲几次直播课	查看答卷
194	12月1日 08:52	希望老师多多讲解一下形考作业的步骤操作	查看答卷
195	12月1日 09:34	有些视频文件应该更新，有的科目作业难度太大。	查看答卷
196	12月1日 11:36	增加互动性	查看答卷
197	12月1日 15:58	我对本课程教学非常满意，希望能多看点直播教学	查看答卷
198	12月1日 15:59	总体还行	查看答卷
199	12月2日 09:05	无	查看答卷
200	12月2日 09:09	无	查看答卷

图6-10　课程满意度调查数据及问卷结果

序号	提交答卷时间	答案文本	查看答卷
171	11月24日 20:02	非常满意	查看答卷
172	11月24日 20:06	非常满意！	查看答卷
173	11月24日 20:44	希望可以改进一下手机端的系统，使手机端使用更方便一些	查看答卷
174	11月24日 23:15	没什么意见，满足了我的学习需求	查看答卷
175	11月25日 01:01	老师能够认真讲解，让我们获得了预期的学习成果，掌握了相应的知识和技能。非常感谢各位老师的授课！	查看答卷

图6-11　课程满意度问卷调查结果

序号	提交答卷时间	答案文本	查看答卷
201	12月2日 09:20	建议多提供一些复习资料	查看答卷
202	12月2日 09:53	很好	查看答卷
203	12月2日 10:11	无	查看答卷
204	12月2日 10:24	多进行互动，学习氛围有待提高	查看答卷
205	12月2日 10:31	1	查看答卷
206	12月3日 09:44	很满意，没有意见	查看答卷
207	12月3日 10:00	无意间	查看答卷
208	12月6日 10:03	非常好	查看答卷
209	12月6日 10:07	希望多一些网上直播教学，并且有回放。因为学生都是在职上学。谢谢！	查看答卷
210	12月6日 10:25	无	查看答卷

第一页　上一页　正在浏览第21/22页　　总共212条记录　　下一页　最后一页　每页显示 10 条记录

图6-12　课程满意度问卷调查结果

　　问卷调查内容主要涉及：学员的性别、年龄等基本信息；在线学习平台的导航布局、学习资源、学习内容难易度等是否合理；参加直播教学、课程讨论等活动的频率；对教师提供教学支持服务的满意程度；以及对课程教学支持服务的意见和建议等。本次问卷调查共回收有效问卷212份。团队对问卷结果数据进行分析，其中：76.89%的学员认为本课程在线课程学习内容难度适中，符合自己的认知水平。78.77%的学员认为老师能够非常及时地解决学习中遇到的各种问题，提供各种学习支持服务。80.19%的学员认为通过在线学习，能够达到预期的学习目标，掌握课程的知识和技能。83.96%的学员在本学期收看了2次或2次以上的直播教学。79.25%的学员对直播教学的内容和形式非常满意。针对本课程的在线教学，学员还提出了一些有效的意见和建议，如：适当增加直播教学的次数；多进行有效的互动，提升学习氛围；提升在线学习手机端体验度，方便移动学习等。问卷调查的数据和结果对于在线教学的持续改进与完善提供了依据。在后续的研究中，除了问卷调查，课程团队还将从学员参加课程研讨活动的综合表现，对学员的个性化的访谈，同行专家点评等形式为团队教学工作的改进提供更加多维化的依据。

二、学生行为数据分析

在线教学中，交互行为水平的高低是影响学习者知识建构和学习质量的关键因素，其中，学习者在线学习行为是其中一个关键指标。为了更客观地了解学习者在线学习效果，我们选取了学习者在线学习行为总数、在线行为天数，以及生均行为总数、生均行为天数等作为观测指标，对连续四个学期《网络实用技术基础》课程学生在线行为数据进行统计与分析，统计结果见图6-13和图6-14。

学期 ＼ 人数	行为总数>1000	行为总数500-1000	行为总数100-500	行为总数<100
第一学期	68	234	114	257
第二学期	23	166	196	391
第三学期	143	74	149	587
第四学期	213	242	210	778

图6-13　四个学期《网络实用技术基础》课程学生在线行为数据表

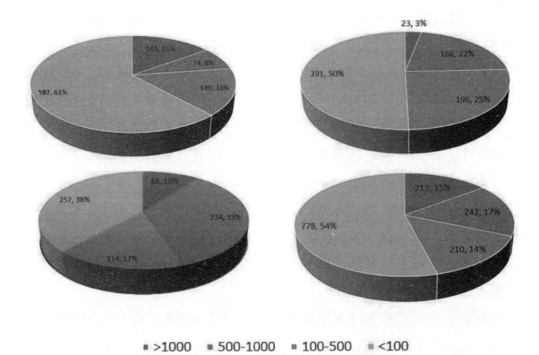

图6-14　四个学期《网络实用技术基础》课程学生考试成绩分析图

三、团队教学总结与展望

本年度是《网络实用技术基础》实施团队继续开展各种形式的教学活动。在工作过程中，团队中所有成员都积极参与到课程团队的各项工作中来，每一位核心团队成员都积极为团队工作献计献策，推动团队教学工作顺利开展。

（1）通过直播教学、教研活动、实时答疑等一系列教学支持活动，充分发挥了团队成员的积极性，锻炼、提升了团队教师的专业教学能力。

（2）在课程团队教学活动中，团队成员深挖掘、勤思考、勇实践，充分融入课程思政元素，将直播内容与思政元素有效结合，在直播中潜移默化地将思政元素融入其中，既丰富了课程内容，又达到了在课程教学中贯彻"立德树人"的教育目标。

（3）通过课程团队的教研活动，团队成员和专业教师积极开展优化在线教学设计与组织实施等方面的积极研讨和交流。

（4）通过课程思政专题研讨，团队成员进一步认识到实施课程思政是新时代每一名教师应该担负的历史使命，每一门专业课程所蕴含的育人价值是需要教师深度挖掘的，课程的育人策略和方法是需要教师精心设计的。在实践教学中，团队成员逐步明确了四个转变，即教师要自觉由"讲授者"向"引导者"转变、教师要引导教学活动的中心由"教"向"学"转变、教师要引导学生的学习方式由"被动性学习"向"主动性学习"转变、教师要引导学生的地位由课堂的"客人"向"主人"转变。

本年度通过一系列教学活动的开展，我们同时也发现并总结团队教学工作需要改进完善之处：

①新的一年，课程实施团队要在利用国开学习网上的师生行为数据进行分析统计的基础上，不断发现问题、探索方法、提升效果上下功夫，不断提高团队运行效果；

②注重加强团队各项工作中的创新，积极探索符合河北开放大学办学实际、特色鲜明的理工科网络教学团队管理模式和运行机制。

③充分发挥团队教学的优势，进一步丰富直播教学的内容和形式，尤其是积极探索工科计算机类专业课程的在线教学，不断夯实各个环节，把各项团队教学工作积极落到实处，把更多的学员吸引到直播教学中来。

第七章　在线学习评价及指标体系构建

第一节　在线学习评价概述

一、在线学习评价的发展阶段

与许多教育技术领域的实践相似，影响在线学习评价发展的主要因素是理论与技术，即网络学习理论与网络技术的发展。技术构建了评价的环境，并为评价过程中的数据收集与分析提供了支撑。网络教学理论则需要回答什么是有效的评价（即评价的理念），评价什么（即评价的目标），如何进行评价（即评价的方法）等。在理论与技术双重要素中，网络学习理论确定了评价的目标与过程，是在线学习评价的重要依据。这里，我们将从学习理论演进的角度来分析在线学习评价的发展。

依据安德森教授等人的观点，网络学习理论的发展可以分为行为/认知主义、社会建构主义以及联通主义三个层次。在第一个层次中，行为主义强调个体新行为的产生与改变有赖于学习者对刺激的反应。行为主义学习理论关注如何通过练习与测试等活动来改变个体的行为。认知主义理论则基于对人脑及人认知机制的探索，开始关注人的原有知识结构与新知识的联系，利用"同化"与"顺应"来解释知识联系。认知主义学习理论关注学习者的认知结构、动机、策略。在行为/认知主义这个理解层面，网络教学更多关注知识的产生与行为的变化，其更多强调学习者自身对知识的吸收与加工。第二个层次的社会建构理论强调知识的社会属性及其在个体头脑中的建构。社会建

179

构关注运用语言、学习环境、认知工具及其他社会性中介工具来促进知识建构，强调知识是在一定的社会情境下，在不断对话中生成的。网络教学应促进学习者与教师利用技术来创造学习环境并进行同步与异步的交互。社会建构主义对学习的理解虽然重新解释了知识加工主体与客体知识的互动关系，但依然没有对在技术充分应用的环境下，群体及组织知识的积累提出足够的解释。第三个层次的联通主义理论则充分认识到个体知识网络和群体网络对知识形成与发展的重要性。联通主义将学习界定为网络的形成。网络包含个体头脑中的知识网络和学习者联系沟通外部世界的网络。内部的网络可以理解为建立一种知识结构。建立知识结构的目的是保持知识的时代性，持续获得经验，创造和联通外部的新知识。而外部的网络主要是指人、组织、图书馆、网站及其他信息源。学习是沟通内部网络和外部网络的过程。联通主义理论强调学习在于创建信息网络连接来解决问题。连接是指在数字设备以及学习内容之间建立关系。根据网络学习理论的发展历史，可以初步勾勒出在线学习评价发展的基本脉络。

1.个体与协作学习评价

在这个阶段中，在线学习评价基于行为/认知主义理论的指导。行为主义强调引导学习者的注意力并提供及时反馈来强化或弱化学习者的行为。行为主义指导下的评价强调考查学生展示出的可观察和可评估的学习效果，如具体行为、学习任务，强调对学生先前的学习水平进行评估以确定何时开始教学。而认知主义理论强调评价应考查学生在学习过程中的主动性（如自我计划、自我监控），应考查学习者在认知过程中展示的知识结构和知识组织程度，应注重对学习者知识迁移的评价。在这个阶段中，在线学习的主要目的是引导学生按照教师规定的路径完成学习任务，并获取知识与技能。在线学习的方式主要以自主学习为主。据此，评价关注的目标是学生知识的获取、知识结构的完整程度或技能的提升程度。评价主要采用测试、问卷及学习成果评测等方法来收集学习者参与学习活动后获取知识的完整程度以及技能提升的程度。

2.网络学习社区评价

在这个阶段中，基于社会建构主义理论，网络教学的主要目的是构建并维持基于网络学习社区的学习共同体，并设计小组或群体协作学习活动促进知识建构。网络教学评价关注的目标是在网络学习社区中，个体与群体知识的生成与建构，以及学习者对网络学习社区社会关系的感知程度。评价主要分为三个维度。一是针对知识建构，主要关注学生建构知识的主动程度，建构过程中知识的生成与转化以及知识建构的层级与水平。二是社会性学习网络的形成与发展。分析的重点包括社会网络中节点的形成、节点间的关系、社群网络、中心度等。三是在网络学习社区中，社会性与教学、认知的互动关系。分析的重点是社会性要素、教学对学习者认知的影响。采用的主要方法是社会网络分析、网络论坛内容分析、话语分析、结构方程模型等。

3.基于社会性网络的评价

这一阶段基于联通主义学习理论，网络教学关注如何促进学习的社会性网络的形成与发展以及学习者如何利用网络来获取知识，提升解决问题的能力。网络教学的主要目的在于生成并促进学习者之间的人际与知识网络。评价重点关注：社会性网络关系的形成与发展、协作问题解决能力的提升以及学习过程与结果的可视化表征。针对社会性网络关系的形成与发展，研究者通过数据挖掘等方法，分析在慕课（MOOC）等开放网络学习环境下学习者间网络关系的生成与发展。针对协作问题解决能力，研究者关注如何通过任务设置、活动规划来提升学习者协作解决问题的能力。针对学习过程与结果的可视化表征，研究者关注如何利用网络学习过程可视化工具来呈现在线学习过程与结果。主要采用的方法包括社会网络分析、数据挖掘、学习分析等。

二、在线学习评价的发展趋势

影响在线学习评价发展的因素包括网络学习理论的演进与发展、网络通信与数据挖掘技术、社会需求等。目前，学习理论更加强调知识的社会性建构与知识网络的建立与重构。例如，联通主义理论认为知识是通过对特定网络的分布式认知产生的，学习是一种重构和建立这些知识网络的能力。在这种理解下，在线学习是一个学习者与环境互动，动态建构、生成知识网络的过程。评价不但要关注知识建构的层级与水平，更要关注学习者之间动态构建知识网络的意识与能力。这就要求评价目标针对知识、人际网络构建过程体现的能力。网络技术不断发展使得通过网络沟通的渠道更加高效、便捷，以此催生了师生、生生以及学生与学习内容之间更为频繁、持久的交互。同时，大数据与数据挖掘技术的不断发展使得从海量学习记录中挖掘有价值的信息成为可能。技术发展使得在线学习评测不再是阶段性的、主要面向学习结果的评测，而是转向实现了实时的、面向学习过程的追踪。评测的目的是更多地改进在线学习过程。从社会需求来讲，随着MOOC、付费网络课程的不断发展，许多在线学习平台需要同时为大批量的学习者提供学习支持与评测服务，以此催生了同伴评测、自适应评测等方式。综上所述，目前，在线学习评价呈现出以下趋势。

1.基于群组的社会性网络的评测

目前，基于社会性网络的社会化学习评测日益受到研究者重视。社会化学习是指学习者应用学习环境构建的社会化人际与知识网络进行学习。在线学习环境会支持学习者之间按照兴趣爱好、地理空间、学习主题等维度组建学习共同体。原有针对网络虚拟学习社区评价的研究中，大量研究者采用社会网络分析的方法，从社群图、密度、中心性、凝聚子群和关系矩阵等维度分析社区关系结构，借此来探析网络学习社区中参与者之间的关系及关系图式、已有教学模式中的互动关系以及意想不到行为的新图式。此前的评价更多地聚焦于评测整个社区社会网络的结构，以及社会网络形成、演变的规律。现有研究更多转向对学习社区中微观群组、小组活动关系的分析。许多学习社区会包含学习者之间依靠社交网络建立的群组，也会包括依靠学习任务或教师指定建立的学习共同体以及地理位置相近的群组。这些群组会影响网络学习社区的发展。因此，后续研究会更加深入地分析上述这些群组建立、发展的规律，并评价这些群组社群关系网络建立的过程与效果。

2.基于同伴互评的在线学习评测

以MOOC为代表的大规模网络课程需要为数量众多的学习者提供服务，因此教师及学习支持者的数量不足影响课程的运行及评测。故而，MOOC平台开始采用两种评价方法：机器评价和同伴互评。由机器自动评分系统支持对学习者的即时反馈（Instant Feedback），能够让教师摆脱大量重复的批改工作。但机器自动批阅目前仅限定于客观题，交互性更强的内容批阅功能又仅限于特定课程。因此，MOOC开始运用同伴互评的方式来解决评价的问题。同伴互评一般由教师制定评价标准，通过MOOC平台的动态分组功能将学习者划分为互评小组，相互之间给予评分与评语。被评价者依据评语来修改自己的作品，并再次提交作品以接受多轮评价。同伴互评的方式有助于学习者了解评测的标准，并提升自己批判、反思的能力。

3.数据挖掘与学习分析技术应用

传统的在线学习评价由于数据收集范围的限制，难以通过数据跟踪、监控学习者的学习进程。研究者只能够分阶段地采集数据了解学习者的情况。目前，在线学习评价开始注意运用数据挖掘及学习分析技术，从大量网络学习平台记录以及从学生的学习行为数据中提取反映学习者学习过程与结果的动态数据。这些数据不但能够监控学习者的情况，也能够为学习行为的改进提供参照。目前在线学习评价主要采用基于服务器端及基于客户端的两种数据采集方式。基于服务器端的数据采集方式在现有学习分析研究中应用较多。服务器端的数据采集主要包括Web日志挖掘和代理服务器采集。基于客户端的采集主要包括客户端JavaScript采集和浏览器插件采集。这种方式主要采用开源软件进行数据流捕获，然后处理并输出为文本，最后使用文本挖掘的成熟算法进行处理。为了获取能够描述学生多种学习行为的数据，少量研究开始采用服务器端与客户端相结合的方法进行数据收集：一方面通过服务器端获取学生在正规学习系统中产生的数据，另一方面通过开源的JavaScript或浏览器插件跟踪获取学生在自己客户端进行的各项操作行为。数据挖掘与学习分析通过上述两种方式结合来反映学习者的学习过程及结果。同时，数据挖掘与学习分析还能够使教师和学生参与到评价过程中来。正如英国开放大学教育技术研究所的研究表明，要让教师和学生参与到学习分析过程中来，而不仅仅是利用他们产生的数据。师生的参与有助于评价者解读数据分析结果，并使分析结论应用于改进教学和学习中。

4.在线学习自适应评测技术发展

自适应评测试图针对学习者的需求与进程给予及时反馈。自适应学习评测的主要技术要点在于学习者建模、知识分析与自适应推送机制。原有的自适应评价通常通过网络教学平台中设计学习活动评测分支来达成。如在学习活动管理（lams）平台中，教师可以在学习活动结束后设计问题或评价，依据学生反馈的答案来将其引入新的学习活动中。原有方式的不足之处在于：教师只能设计有正确答案的客观问题，以便学习系统自动判断。教师每插入一次评测，学习者就需要暂停学习进程来回答问题，因此导致了学习过程的中断。目前，在线学习的自适应评测发展的方向在于：学习系统通过自动检测学习的进程，由教师与系统判断后给予不同的反馈。系统需要收集大量学习者学习行为的数据，通过聚类分析建立不同学习者的模型，在此基础上为学习者提供评价反馈与学习建议。自适应评价将学习过程与评价及干预进行匹配，在适当的时候给予适当的评价与反馈。例如，MOOC课程会按照时间分阶段布置学习任务，学习者可以根据自己的时间灵活调整提交学习成果的时间。

另外，自适应评测能够把需求作为有效根据，让教师和学生获得个性化的数据以及服务。在这样的环境当中学习，可以让广大师生获得丰富的学习资源，使他们能够得到问题反馈、习题解答状况等数据资料。这也是个性化的数据，推送性服务这样的服务类型不仅能够让教师在评估学生学习成果资源运用有效性的过程当中更加顺利，还能够让广大学习者得到丰富的学习资源，满足他们的实际需要。除此以外，自适应评测还可以实现对学习路径的支持监控。也就是说，整个学习环境当中会记录学生查找资源、解决疑难问题、参与探究活动、制作完成的作品等方面的信息资料。教师以及环境设计者就可以在监控路径的过程当中，及时掌握他们的学习现状和进程情况，获知学习者的实际需要，以便使推送服务更具针对性和精准性。

三、在线学习评价的原则和核心问题

1.在线学习评价的基本原则

国内外众多学者针对在线学习评价操作过程进行规范，并提供了操作的基本原则。结合佩奥夫（Palloff）与普拉特（Pratt）提出的在线学习评价的基本原则，这里归纳了在线学习评价应遵循的原则。

（1）应设计以学习者为中心的、包含自我反思的评估

反思是以学习者为中心的评估基础。学生应该在网络课程的中期与末期对学习过程进行反思。反思的问题应与每周协作讨论的主题或每单元的学习主题相结合。教师应拟定并描述学生进步的评价细则。每个网络协作学习活动也应包含反思的部分。反思应包含学习者参与活动的情况及对小组的贡献。

（2）应设计针对讨论、任务、项目及协作贡献程度的评分标准

评分标准应该规定教师期望的、高水平网络学习成果应具备的水平，并帮助学习者理解学习成果及评价的基本要求。评分标准同时应界定高水平与低水平学习成果之间的差别。在具体的评价实践中，评价者应首先明确衡量学习成果的重要指标，对评价指标进行逐层分解，并且应向学生解释评价指标，以明确标准的内涵和范围。

（3）应针对学习成果以及同伴互评来设计协作

在线学习评价应该由参与者来进行。教师可以让学习者提交对学习活动贡献与参与程度的自我评价，也可以让学习者进行同伴互评。在提交自我评价前，教师应提供评价目标、评价方法以及对自评材料的回应。对于同伴互评，教师可以事先给出指导或评分与评语的样例，引导学习者对其他同伴的学习成果或学习效果的水平、质量、价值等进行等级评价或评论。在评价过程中，学习者一方面通过高阶思维活动建构知识、形成技能，另一方面在情感方面相互交流、互相促进。

（4）应鼓励学习者依据指导及目标提升评估反馈技能

教师应通过给出预期目标与评价指导来支持学习者提升评价反馈的技能。评价指导应包括拟定讨论的问题、帮助小组学习者形成学习的氛围、提供评价要点或准则以及演示如何给出好的反馈。

（5）应使用适合学习情境及学习目标的评价技术

评价技术应该适应评价的目标及情境，旨在衡量学习者的在线学习绩效。针对在线学习而言，评价所针对的具体情境和目标直接影响评价技术的

选择。依照评价目标可以分为知识建构、思维发展、问题解决等目标类型。针对知识建构，可以选择内容分析、话语分析等技术来评价整个知识建构过程与结果。针对思维发展，应通过项目评价、成果评价等方式，评价具体学习成果中体现的思维发展水平。针对问题解决，应将问题解决过程及结果涉及的阶段进行逐层分解，综合运用多种评价技术形成评判。

（6）应基于在线学习环境的特征，设计清晰的、易于理解的评价设计

清晰的、易于理解的评价应注意下述几个方面。首先，教师需要制定评价的准则，持续与学习者互动并给出反馈。其次，注重与学生的动态交互，组织小组协作学习，通过讨论建立高水平交互。再次，适当修改传统的评价工具，使其能够反映学习者的一般技能以及问题解决能力的提升。最后，采用替代性的评价，如基于绩效的评价、真实性评价以及电子档案袋评价。

（7）应向学习者询问如何实施评价的意见，并寻求与学习者合作在设计评价前，应向学习者询问评价应如何实施，并邀请学习者参与评价方案的设计。此举有利于学习者认可评价结果，并将其运用于改善学习之中。

（8）应为学习者提供充分的过程性反馈

在线学习过程中，学习者会以文本的形式提交论坛讨论帖、反思、学习成果等内容。教师应及时针对这些内容给出反馈评语。反馈评语应针对学习者改进学习过程或学习成果给出具体的、有针对性的指导。反馈应及时给出，并借助反馈与学习者充分互动。

（9）应关注学习者协作组建小组、分享知识、形成成果的全过程按照社会建构理论，在线学习过程应注重学习者之间协作知识建构，以及协同意义的达成。因此，在线学习评价应注重对学习者协作小组建立、协作学习准备、协作知识建构以及作品展示等全过程的评价，通过评价来引导学习者之间协同建构知识、分享观点。

（10）应注重改进在线学习的过程与效果

在线学习评价应该具备双重目标，一是对学习者在线学习过程与结果进行核查与评判；二是改进在线学习的过程与效果。因此，在评价过程中，教师应注重收集反映学生学习过程的相关信息，如网络学习记录、反思日志等，并通过分析上述信息帮助学习者改善在线学习过程与效果。

2.在线学习评价的核心问题

（1）在线学习环境的影响

在线学习环境为学习评价的开展提供了基本的条件，是在线学习评价研究与实践应考虑的重要因素。在线学习环境从评价工具与评价操作方法两个维度对学习评价进行支撑。从工具维度来讲，在线学习环境提供了收集评价信息的基本工具。例如，Moodle为教师提供了三种类型的评价相关工具：一是Survey模块，其内建的问卷工具，为教师提供了分析在线课程的工具；二是Assignment模块，其提供了提交作业、评分反馈的基本功能；三是Quiz模块，测验提供了组卷、自动评阅等功能，为教师提供网络测试的基本工具。这些工具为教师收集、汇总、评价信息提供了支持。在线学习环境同时还包含不同的评价操作方法，如Moodle为教师内置了小组评价、同伴互评、档案袋评价等多种评价操作方法。教师可以根据这些评价方法提供的框架展开评价过程。评价工具与评价方法相互结合构成了在线学习环境的基本评价功能。值得注意的是，在线学习环境运行的机制、学习功能均与评价密切相关。例如，部分网络学习社区建设的目的是促进学习者协作知识建构。这些社区为了促进知识建构提出了一系列机制，如学习者之间形成学习共同体、在讨论区中进行问题讨论、以小组为单位提交学习成果等。这些机制要求学习评价应与之相匹配。网络学习社区评价应考虑学习共同体的形成与发展，针对特定问题讨论知识建构的层级以及学习成果中小组成员的贡献等问题。因此，在线学习评价与学习环境的运行机制密切相关。在线学习环境所提供的功能也与评价密切相关。例如，基于Web2.0建设的学习环境包括维基（Wiki）、讨论区、博客等工具，这些工具可以提供协同创作、群体讨论、自我反思等功能。Web2.0学习环境所提供的评价也是基于这些功能展开的。综上所述，在线学习环境为评价提供了评价工具与方法，其运行机制与基本功能也影响在线学习评价的开展。

（2）在线学习评价目标界定

评价目标也是影响在线学习评价的核心因素。评价目标影响评价的手段与方法，进而影响整个评价过程。从目前网络学习评价角度来讲，知识的获取与建构、思维发展、能力提升是目前在线学习设计的主要目标。这三者之间的共同点在于其均需要从网络学习过程中收集足够的信息来反映学习者的变化。这三类目标的不同之处在于评价采用的方法存在差异。知识建构与思维发展主要通过师生在线交互的文本内容来确定。因此针对知识建构与思维发展的评价主要是运用内容分析、话语分析等方法，对在线学习过程中产生的文本进行分析。相较知识建构与思维发展而言，能力提升是一个相对漫长的过程。因此针对能力的评价主要是对学习者完成学习任务或学习成果过程中的文档、记录等，运用电子档案袋、学习分析等方法进行分析。

（3）在线学习评价技术的发展

在线学习评价技术指的是在线学习评价收集、分析相关评价信息所采用的技术手段与方法。早期的在线学习评价主要通过问卷访谈、测试等传统评价方式收集信息。这个阶段技术运用的特点在于收集信息过程耗时长，分析过程烦琐，评价者仅能够阶段性地对收集信息进行反馈。经过进一步发展，研究者开始意识到在线学习的师生、生生、学生与学习内容的文本交互过程是信息收集分析的重点。因此，研究者开始利用内容分析、话语分析等方法分析在线学习交互的文本内容。在这个阶段中，也有研究者开始关注采用社会网络分析等方法考查网络中社区关系结构。这个阶段技术的特点是数据采集数量过程烦琐，文本分析工作量大。因此，采用上述技术耗时较长、难度较大。随着评价技术的不断发展，评价者开始综合运用数据挖掘、学习分析等技术来收集在线学习的过程性信息，并对师生教与学改进提供支持。从上述分析过程可以得出：在线学习评价技术发展的趋势在于数据采集数量提升、范围增大，数据分析过程自动化程度提升。评价技术影响在线学习评价的信度与效度，也会影响在线学习评价的方式与效率。

（4）形成性评价与总结性评价的关系

如何在一项评价实践中协调形成性评价与总结性评价的关系一直是在线学习评价关注的重要问题。舒特（Shute）提出了总结性评价与形成性评价在评估角色、评估频率、评估形式以及反馈方面的差异。如表7-1所示，总结性评价通常用于在一段学习时间结束后对学习者的知识、技能、能力发展等方面进行评判，评价的目的在于评定等级，而形成性评价则是不定期进行的，旨在促进教与学的进步。在线学习评价中，如何协调总结性评价与形成性评价的关系是评价者应该考虑的重要问题。首先，评价者应确认在线评价的主要目标是确认学习者某阶段知识习得、技能发展还是改进教与学的实践；其次，评价者应确认何时进行评价、评价的结果如何，为后续教学实践提供参考；最后，评价者还应确定形成性评价与总结性评价的比例。

表7-1　总结性评价与形成性评价的关系

比较难度	总结性评价	形成性评价
评估角色	对学习者知识、技能、能力等方面进行定量测验，通常通过标准化测验来完成	为促进学习进行评估，旨在描述学习者的主要特征，聚焦于学习者的进步，常采用测试促进师生教学与学习
评估频率	不频繁聚焦于学习结果，通常在单元、学年结束后进行	间断性重点在于引领学习过程，但并不排斥考查结果，通常非正式实施
评估形式	客观的评价，通常使用选定好的答案来评价。评价更加聚焦于测验是否有效、可信	建构式的回答，有真实的情境，通常通过小测试、自我评价等方式进行
反馈	测验的题目反馈为正确或不正确，或只是给出总分，并不支持改进学习	宏观、具体的对话，对于如何提高学习水平提出建议，反馈的目的是改善学习

第二节　在线学习评价的指标体系

一、在线学习行为系统及其要素

在线学习环境下，教师和学生可以自由选择学习时间和学习地方。由于在线学习的特殊性，在线学习评价不仅要评价学习者的学习结果，还要分析学生的学习过程，在线学习评价的方式也不能像传统教学一样只采取总结性评价，而要注重形成性评价。然而，在线学习评价目标一般是抽象的、笼统的，必须通过分析学习者的相关在线学习行为来实现。在线学习行为作为新的学习环境学习理念、学习模式下的产物，具有更为丰富的内涵。对在线学习行为进行分析评价之前，必须搞清楚究竟什么是在线学习行为，有哪些在线学习行为，每一种在线学习行为分别反映了学习者哪一方面的学习特征，即在线学习行为的系统要素及其关系、在线学习行为的指标体系

本节研究了在线学习行为系统组成和在线学习分析评价指标体系，并在现有的在线学习行为指标体系的基础上，提出了面向在线学习评价目标的在线学习行为指标体系。

行为理论与行为科学认为，人类行为是人与环境之间双向交互的过程。行为理论分析的基本单位是行为。行为本身是一个系统，它包括行为主体、行为客体、行为操作和行为环境等。行为活动是行为主体在一定的环境条件约束下借助某一行为工具实施某一行为操作于行为客体的系统过程

在线学习行为作为网络环境下的一种学习行为，属于众多行为中的一类因此，在线学习行为也是一个系统，在线学习行为由主体、客体、操作、行为工具主体所在群体、群体内的组织规则和任务分工组成。可简单地将在线学习行为工具、主体所在群体、群体内的组织规则和任务分工统称为行为环境。

1.在线学习行为主体

在线学习是由学习者根据自身的认知结构，制定合适的学习目标、学习进度，选择适合自己的学习策略进行自主学习的过程，因此，学习者是在线学习行为的主体。

对在线学习行为的分析，其关键是要从学习者的在线学习行为中挖掘出学习者的特征，从而更好地指导学习者的学习。学习者的特征主要表现在三个方面：学习起点，学习风格和个性心理特征。学习起点是根据学习现有的知识水平、技能水平、情感态度和动作技能水平确定的最适合于学习者下一阶段学习的知识、技能、情感态度和动作技能。学习风格是学习者持续一贯的带有个性特征的学习方式，是学习策略和学习倾向的总和。学习策略是指学习者为完成学习任务或实现学习目标而采取的一系列步骤，其中某一特定步骤成为学习方法。学习倾向是指每一个体在学习过程中表现出的不同偏好，包括学习情绪、态度、动机、坚持性以及对学习环境、学习内容等方面的偏爱。个性心理特征是指在学习者心理活动中经常地、稳定地表现出来的特征，主要包括人的能力、气质和性格。能力指人顺利完成某种活动的一种

心理特征（特性）。能力总是和人完成一定的活动相联系在一起的，能力可分为认知能力、操作能力和社交能力。气质是个人生来就有的心理活动的动力特征，它是表现在心理活动的强度、灵活性与指向性等方面的一种稳定的心理特征。性格是指一个人对人对己对事物的基本态度以及与之相适应的习惯化的行为方式中具有核心意义的个性心理特征。

2.在线学习行为客体

在线学习行为客体是指在线学习行为直接作用的对象，它是学习行为相互区分的标识。具体地，在线学习行为客体是指承载有教学内容的各种网络学习资源，按照资源的媒体格式可以分为文本、图片、视频、音频、动画等。实际上，除了在线学习资源外，学习行为主体有时可以转变为学习行为客体，例如同伴之间的学习交流，此时学习行为作用的对象是学习伙伴，他们彼此互为学习行为主体和学习行为客体。

在线学习行为客体具有客观性，它是在线学习行为描述的依据，在线学习行为的许多属性都是通过对在线学习行为客体的跟踪采集来实现的。尽管在线学习行为由学习行为主体发出，受学习行为主体的控制，然而，学习行为客体的相对确定性和客观性，加上学习环境技术上的约束性，使得学习行为主体不能随意产生各种学习行为，从而使得在线学习行为具有相对的稳定性。例如，面对某一个超级链接，学习者只有通过"单击"链接才能访问链接的对象。在线学习行为的相对稳定性虽然限制了在线学习行为的多样性和灵活性，但是，却为在线学习行为的描述、记录、研究分析提供了可能。

在线学习行为操作是学习行为活动的核心，对某一学习行为活动的描述除了需要说明行为活动的主体和客体，还需要说明行为活动的动作，即操作。例如，"某一个学习者通过点击资源浏览页面中的某一个下载链接下载了某一个学习资源"，此时"点击"和"下载"就构成了这两个学习行为活动的操作。

在线学习行为环境包括学习行为工具、学习行为主体所在的群体、群体的组织规则和任务分工等。常见的网络学习群体是基于网络的各种学习小组，如为了学习某一课程而建立的QQ群、贴吧等。群体中的组织规则包括分工规则、交流规则、行为规则、评价规则和奖惩规则等。群体的任务分工主要指每个学习主体为了群体的发展必须承担的责任和任务。学习行为工具是学习行为主体作用于学习行为客体的媒介，按照性质可以分为效能工具、认知工具和交流工具等。效能工具是指帮助学习者提高学习效率的工具，如文字处理软件、作图工具等；认知工具是指可以帮助学习者发展各种思维能力的软件和系统，如知识地图、词典等交流工具是指学习行为主体之间进行交流的工具，如QQ、论坛、E-mail等。

二、现有在线学习行为评价指标体系

在线学习行为评价指标体系是依据在线学习评价目标，将评价目标分解为一个有递阶层次结构的评价指标体系，将每一个评价目标最终分解为一个个具体的、可测的行为化目标。对现有的在线学习行为评价指标体系的研究，有利于发现现有学习行为评价指标体系存在的问题，制定出更好的、更科学的在线学习行为评价指标体系。

1.建立在线学习行为评价指标体系的原则

在线学习方式不同于传统的教学方式，它打破了教师和学生在时间和地点上的约束，教师将学习资源、作业、试题等发布到教学平台上，学生可以随时通过登录在线教学平台进行学习。在在线学习环境中，教师和学生相互分离，教师无法直接观察学生的学习过程和学习行为。因此，在线学习评价也不同于传统的教学评价，需要结合自身的特点来制定相应的在线学习行为评价指标体系。

依据在线学习的特点，在制定在线学习行为评价指标体系的过程中，必须遵循如下原则。

（1）根据具体目标制定在线学习行为评价指标体系

评价是根据预定的目的，按照一定的标准对评价对象的价值状态做出判断的过程。因此，整个评价过程要以评价目的作为依据。在线学习行为评价指标体系的制定作为在线学习评价的一个重要阶段，也需要以分析评价目标为依据。评价目的不同，评价指标也会有所差异。例如，对学习者学习结果的评价需要从作业、测试、考试等方面来进行评价；对学习者学习方式的分析则需要从资源利用、协作情况来进行评价。

（2）对学习行为的描述要具体、有可操作性

在线学习评价需要将分析评价目标一级级分解为具体、可观察、可描述的具体在线学习行为。对在线学习行为的描述，要依据在线学习行为系统组成和分析评价方法的要求，制定出具体、可行的在线学习行为描述模式。

（3）评价指标的选择要具有相关性和典型性

在评价过程中，不是要研究评价对象在评价目标上的所有行为，而是要研究在评价目标中，与评价者相关性最大，最能反映评价对象的典型行为，对于那些无关紧要的行为可不做研究考虑。

2.现有在线学习行为评价指标体系

现有的在线学习行为评价指标体系主要有基于描述单个的学习行为和对所有学习行为分类这两种类型，不管采用哪种类型，最终的目的都是根据在线学习行为，对评价对象进行更科学、合理的评价。目前国内比较著名的在线学习行为评价指标体系主要有以下几种。

杨金来等根据行为理论与行为科学对行为系统的定义，结合在线学习行为的本质属性，采用"Who Do What"的方式来描述在线学习行为。Who代表学习行为主体，一般是一个由字符串或数字组成的学习者标识；Do代表学习行为活动，即学习者在网络学习平台中所进行的操作，如浏览网页、点击链接、下载资源等；What代表了学习行为客体，即学习行为活动作用的对象，一般用对象的标识表示。在此基础上，根据学习者在学习过程中的具体操作，罗列了20多种常见的网络学习行为，但并没有对其进行进一步的抽象归纳。这20多种操作行为包括浏览、发布、发帖、跟帖、组织讨论等，并将操作对象分为课程说明、教师介绍、教学大纲、教学实施方案、教学媒体、作业、教学辅导、期末复习、课件、参考资料、虚拟实验、在线测试、学生学习笔记、学生学习计划、意见反馈、试卷管理、BBS讨论、答疑室等。

彭文辉等通过对在线学习行为本质的深入研究，提出了一个多维度、多层次的在线学习行为模型。根据学习行为对信息加工的水平不同，可以将在线学习行为分为收集信息的学习行为、整理信息的学习行为、发布信息的

学习行为、交流信息的学习行为、使用信息的学习行为等多个维度。收集信息的学习行为主要是指信息检索的学习行为，一般通过关键词检索或顺序浏览查找两种方式来收集自己想要的信息；学习行为是指对检索到的信息进行选择、保存、分类、阅读等学习行为；发布信息的学习行为是指学习者在网络学习的过程中，通过提出问题、回帖、上传资源、提交作业等方式发布信息的学习行为；交流信息的学习行为是指学习者在网络学习的过程中，通过在线聊天、回帖、发送E-mail等方式与其余学习者或教师进行交流的学习行为；使用信息的学习行为是指通过收集信息、加工信息、发布信息以及交流信息之后，运用这些信息去解决具体问题的学习行为，通过使用信息的学习行为可以将信息转化为知识。多层次的学习行为模型是指按照学习行为的复杂程度，将在线学习行为分为低级、中级和高级三个等级的学习行为。低级的在线学习行为如浏览、下载、阅读等，中级的在线学习行为如检索、文档管理、发布问题、回帖讨论问题、交流讨论等，高级的在线学习行为如提交作业、参加测试等。在此基础上，彭文辉、黄克斌等对常见的在线学习行为及其属性进行了具体研究，从微观上研究了具体的13种在线学习行为的信息模型。例如，将"浏览网页"的在线学习行为可以描述为网址、标题、主题词、时间（进入时间、离开时间）；对"BBS讨论"的在线学习行为可以描述为讨论主题，读帖次数、频率、时间，发帖次数、频率、时间等等。

王丽娜从三个方面来描述一个独立的在线学习行为，分别是在线学习行为内容、在线学习行为操作和在线学习行为参数。例如，可以将浏览网页的在线学习行为描述为：浏览网页（行为内容）、点击鼠标（行为操作）、网址和网站主题（行为参数）。评价在线学习行为从个性化交互学习行为和社会性交互学习行为两方面进行，并进一步将两大类学习行为划分为操作交互、信息交互和概念交互三个层次，三个层次的学习行为构成了一个在线学习行为评价指标体系。这种三层的在线学习行为评价指标体系从简单到复杂、从具体到抽象、从显性到隐性。三层学习行为评价指标体系以媒体作为平台，媒体是所有在线学习行为的平台和载体，媒体的交互特性是所有在线学习行为交互的基础。与彭文辉等提出在线学习行为模型类似，在线学习行为评价指标体系也是一个多类型、多层次的模型。

三、现有在线学习行为评价指标体系的问题

通过对现有几种在线学习行为评价指标体系的介绍，每个作者都从不同的方面对评价对象进行了较为详细的评价，在某种程度上实现了对评价对象在某一评价目标上的评价，但是都存在不同程度的问题。

杨金来和王丽娜等分别采用"Who Do What"和"内容—操作—参数"来描述在线学习行为，都是受到行为理论和行为科学的启发，在本质上是相似的，他们虽然抓住了行为系统中各个组成要素及其关系，然而却忽视了单个行为要素自身的特征和属性，不便于后期对在线学习行为的分析评价。

黄克斌和彭文辉等提出的学习行为"内容—特性"二维评价指标虽然从微观上具体地描述了各种常见的学习行为及其特性，然而，该评价指标没有对这些学习行为进行抽象，对随着新技术的应用而出现的新的在线学习行为的描述不具有指导性。因此，有必要构造一个既考虑行为系统各组成要素及其关系，又不能忽视行为要素自身主要特征属性的在线学习行为评价指标体系。

彭文辉和王丽娜提出的多维度、多层次的在线学习行为模型从理论上为所有的在线学习行为归类提出了一个完整的方案。在线学习行为的各个维度之间、层次与层次之间都是相互联系的、没有明显界线的。因此，对于靠近边界的在线学习行为也很难分类准确。此外，从后期对学习行为分析的角度讲，这种分类划分的实用价值不大，因为它不是面向特定的分析目标的。针对某一个目标开展的在线学习行为分析，都不是简单地包含某一个维度或某一个层次的学习行为，而是包含了多个维度、多个层次的在线学习行为。

四、面向评价目标的在线学习行为指标体系

从在线学习行为系统的组成和现有在线学习行为评价指标体系的研究可以看出，现有的在线学习行为评价指标体系虽然在理论上已经有较深入的研究，然而，这些理论却不能较好地为具体的在线学习行为分析评价目标服

务。为此，本文在现有在线学习行为模型的基础之上，结合具体的在线学习行为分析评价目标，制定了面向三个分析评价目标的在线学习行为模型。

整个在线学习行为模型包括四层，从下到上依次为媒体、学习行为描述、学习行为分类体系和学习行为分析评价目标。在网络环境下，由于所有的在线学习行为都必须以媒体为支撑，因此，最底层是各种支撑媒体；学习行为描述紧跟在媒体之上，用以清楚地描述各种具体的在线学习行为；第三层是在线学习行为分类体系，与以往的层次分类模型不同，本模型是一个平行的、面向学习行为分析评价目标的分类模型，每一类学习行为中都既包含了较低层次的在线学习行为，也包含了高层次的在线学习行为模型，每一类在线学习行为都为特定的在线学习行为分析评价目标服务；最上层是在线学习行为分析评价的目标。面向分析评价目标的在线学习行为模型可以概括为：所有在线学习行为的描述都要以媒体为支撑，对在线学习行为的分类要以分析评价目标为导向。

与现有的在线学习行为模型相比，本模型中的在线学习行为描述模型和分类体系都要以分析评价目标为导向。对在线学习行为的描述关键在于行为参数的确定，而一个简单的学习行为从不同的角度也会有很多的属性，如果盲从地将所有的行为属性描述出来既不可能也没有必要。相反，面对不同的分析评价目标，我们只需要描述、记录与目标直接相关的行为参数。例如，面对学习结果评价目标，对"提交作业"的学习行为更需要描述的行为参数是提交次数和作业成绩，而不是作业所属的课程、作业提交的时间等无直接关联的参数。与在线学习行为描述模型类似，在线学习行为分类也应该以分析评价目标为导向，基于信息处理水平的层次式分类体系虽然能够较好地反映学习者在实施学习行为时认知水平上的变化，然而却不能直接为分析评价服务。例如，要分析评价学习者的学习结果需要收集的学习行为应该是学习者平时的作业、测试和考试行为，虽然学习资源的访问、下载在一定程度上影响学习者的学习结果，但是却不能作为评价学习者学习结果的直接行为。

本节以在线学习行为分析评价的三个目标作为导向，将常见的在线学习行为分为面向学习结果评价的学习行为、面向协作学习分析的学习行为和面向平台使用分析的学习行为。针对每一种类型的学习行为所面向的分析评价目标，对每一个具体的学习行为采用与分析评价目标直接相关的行为含义。

1.面向学习结果评价的在线学习行为评价指标

学习结果评价是指针对不同的学习形式和方法，依据一定的标准，采用一定的测量工具和方法对学生的学习结果进行描述，并根据教学目标对所描述的学习结果进行价值判断的过程。不同的教学形式和教学方法采用的学习结果评价方法也不相同，不同的评价方法应该收集的学习行为也是有所差异的。面向学习结果评价的学习行为是指根据学习结果评价方法，选择出对应的学习行为。

（1）学习结果评价方法

对于学习结果评价方法，国内外教育学专家已经进行了比较深入的研究。表6-2是关于评价方法的说明，其中包含了不同教学方法下推荐使用的评价方法。

表7-2　评价方法说明

评价方法	说明
O	客观性测试主观性测试
S	标准参照测试产品评价情景性评价
C	过程性评价
P	学习契约
T	反思
X	客观性测试主观性测试
L	标准参照测试产品评价情景性评价
R	过程性评价

在上述众多评价方法之中，测验是学习结果评价的一种重要方法，是对行为样本客观和标准化的测量。根据对测验结果解释方式的不同，可以将测验分为常模参照测验和标准参照测验。常模参照测验重点考查学生对知识技能所达到的水平，是衡量学生相对水平的测验。被试测验成绩是以同类被试团体在测验上的平均分数（常模）为基础确定的，是一种相对成绩。标准参照测验重点考查学生是否达到了预先定义的教学目标，是衡量学生绝对水平的测验。被试测验成绩的确定是以事先制定的学习目标来加以判断的，是一

种绝对的成绩。常模参照测验是以选拔人才为目的的，而标准参照测验是以诊断学习、调节努力方向、确保完成学习目标为目的的。

目前出现了一些新的学习结果评价方法和工具，如学习契约、量规、档案袋、绩效评价等。其中，量规是一种结构化的定量评价方法，它从多个与评价目标直接相关的方面详细规定评价指标，具有操作性、准确性高、主观与客观相结合的特点。在设计量规时，应该注意两条原则：①根据教学目标和学生的学习水平来设计结构分量；②根据教学目标的侧重点确定各结构分量的权重。

（2）面向学习结果评价的学习行为评价指标

虽然目前评价学生学习结果的方法很多，然而，正如以上分析，测验依然是一种最为常见、最为重要的评价方法，量规则是一种操作性较强、准确率高、主观与客观结合的评价工具。因此，可以使用量规从学生提交作业、参与测验和参加考试三个方面来评价学习者的学习结果，与之相关的学习行为评价指标及其含义如表6-3所示。

表7-3　面向学习结果评价的学习行为评价指标及其含义

评价指标	含义
作业成绩	学习者提交作业的成绩学习者测试的成绩
测试成绩	学习者考试的成绩（期中或期末）
考试成绩	含义

面向学习结果的在线学习行为评价主要包括作业提交、参与测试和参加考试三个方面。这三种学习行为从某种意义上说都是测试，作业和测试属于标准参照测验，考试则为常模参照测验。对在线学习行为的评价中，"作业成绩"是相对于每次提交的作业得到的对应的成绩，一般获得的成绩次数与提交作业的次数是一致的。"测试成绩"是相对于每次提交的测试得到的对应的成绩，一般获得的成绩次数与提交测试的次数是一致的，这里记录学习者在线提交作业次数和测试次数，便于最终学习结果的计算。"考试成绩"是指一门课程结束时进行的考试的成绩，大多包含一次期末考试，也有时包含期中和期末两次考试的成绩。由于在线学习平台一般允许学习者对一个作业提交多次，对作业的评价方式一般为打分或分级，对学生提交作业的评价

需要综合考虑提交次数和每次的成绩。参与考试的信息描述与传统考试则基本相同。

2.面向学习方式分析的在线学习行为评价指标

与传统的学习不同，网络学习最大的特点在于学习者具有绝对的自主性，学习者可以自己解释学习目标、自定义学习步调、自主选择学习方式等。网络学习一般有三种学习方式，一种是自主探究，另一种则是协作学习，还有一种是混合式学习，它是自主探究和协作学习的混合体。自主探究主要是通过学习者自主选择学习资源的方式来进行的，协作学习则多是通过与其他学习者进行交流讨论来展开的，混合式学习包含自主选择学习资源的自主探究方式和与他人交流讨论学习的协作学习。由于网络学习中学习者的自主性较强，自主就要求学习者有较强的自制能力和自学能力。与学习方式相关的学习行为源自在线学习活动，常见的在线学习活动有三个方面，分别是资源操作共享、在线聊天和论坛交流，与之相关的在线学习行为评价指标及其含义如表6-4所示。

表7-4　面向学习方式分析的学习行为评价指标及其含义

一级评价指标	二级评价指标	含义
	资源上传数	学习者上传资源个数
	资源浏览数	学习者浏览资源个数
	资源下载数	学习者下载资源个数
	论坛访问数	学习者访问论坛的次数
	发帖数	学习者发帖子数
	回帖数	学习者回其他人帖子数
	被回帖数	学习者帖子被回复次数
	阅帖数	学习者阅读帖子数
	在线交流的时间	学习者参与在线交流的时间
	发言次数	学习者发言次数

面向学习方式分析的学习行为评价指标中，"资源浏览次数"是指学习者在浏览一门课程的学习资源过程中，点击指向具体资源的链接的次数，"资源上传数"是指学习者公开上传的资源数，"资源下载数"则是指学习者下载资源的次数，反映了学习者在学习中使用资源库的情况。"论坛访问

数"是指学习者访问论坛的次数，即使只是点击进入论坛，不进行任何操作，也算作一次，"发帖数"是指学习者发帖子的数量，"回帖数"是指学习者回复其他人帖子数目，"被回帖数"是指学习者的帖子被回复数目，论坛访问次数、发帖数和回帖数反映了学习者在学习过程中使用论坛的情况。访问次数均有一个时间阈值，只有某一次访问时间超过阈值才将访问次数加一，以避免学习者的无效访问造成后续分析结果的不准确。"在线交流时间"是指学习者参与在线交流的时间，"发言次数"是指学习者在交流中发言的次数。

3.面向平台使用评价的在线学习行为评价指标

除了评价学习者的学习结果和分析学习者的学习方式外，还可以从学习者的在线学习行为中分析学习者对平台的使用情况，用以改进在线学习平台。要评价在线学习平台的使用情况，需要对学习者使用在线学习平台的各个模块和工具的学习行为进行记录和分析，在在线学习平台中，常见的学习模块和工具以及与之相关的在线学习行为评价指标及其含义如表6-5所示。

表7-5　面向平台使用评价的在线学习行为评价指标

名称	评价指标	含义
作业	在线提交作业次数	学习者在线提交作业的次数
测试	在线提交测试的次数	学习者在线提交测试的次数
考试	考试次数	学习者考试次数
资源库	资源上传数	学习者上传资源个数
	资源浏览数	学习者浏览资源个数
	资源下载数	学习者下载资源个数
论坛	论坛访问数	学习者访问论坛的次数
	发帖数	学习者发帖子数
	回帖数	学习者回其他人帖子数
	被回帖数	学习者帖子被回复次数
	阅帖数	学习者阅读帖子数
在线交流	在线交流的时间	学习者参与在线交流的时间
	发言次数	学习者发言次数

对在线学习平台使用分析的目标在于找出学习者在学习的过程中，对哪些模块或工具使用较多，而对于哪些使用较少的模块或工具需要进一步分

析原因，以改进和完善在线学习平台的功能。虽然平台使用分析的学习行为与另外两个分析评价目标相关的学习行为有很多重复，然而，在具体的描述时，面向的目标不同，其行为参数也有所差异。例如，在对资源操作进行描述时，这里只考虑资源的上传和下载总数，对论坛帖子的操作也是一样，因为对平台使用分析而言资源的上传和下载是相等的操作。对在线学习行为的分析需要从在线学习行为的描述开始，现有的在线学习行为描述或者从具体的分析目标只对与之相关的几个具体在线学习行为进行描述，或者从理论的角度对其进行抽象、复杂的描述，都不利于在线学习行为的分析评价。本章在现有在线学习行为评价指标体系的基础上，提出了一种面向三大常见评价目标的在线学习行为模型，并在此模型的基础上提出在线学习行为分析评价指标体系。该评价指标体系克服了以往对具体在线学习行为描述的狭隘性，具有一般性，同时该评价指标体系也考虑了分析评价目标的导向性，有利于学习行为的分析评价。

第八章　在线教育的变革与展望

第一节　在线教育发展现状分析

在"互联网+"时代，新一代信息技术推动各行各业重构新模式、再建新生态，同时为在线教育的发展带来了新的机遇和挑战，也使其充满了新的活力和生机。在线教育的变革，已经深入到从宏观的教育生态构建、到中观的不同教育层次，以及微观的具体教学实施等多个层面。在"互联网+"的影响下，大众的认知方式、社会的教育供给方式、学习者的学习方式以及学习评价方式都发生了一系列意义深远的变革。作为在线教育的实践者，身处新时代，面临新机遇，应对新挑战，只有敢于探索，勇于实践，才能真正做到不负这个新时代。

一、在线教育备受关注

2012年"互联网+"的概念被于扬首次提出。2015年在第十二届全国人民代表大会第三次会议所作的《政府工作报告》中，李克强总理正式提出制定"互联网+"行动计划，同年，国务院印发的《关于积极推进"互联网+"行动的指导意见》指出，"互联网+"是"把互联网的创新成果与经济社会各领域深度融合，推动技术进步、效率提升和组织变革，提升实体经济创新力和生产力，形成更广阔的以互联网为基础设施和创新要素的经济社会发展

新形态"。2018年，教育部出台了《教育信息化2.0》行动计划，提出推进
"互联网+教育"及其具体实施计划，旨在改变"互联网+"时代的人才需求
和教育形态。在"互联网+"的推动下，在线教育受到了前所未有的关注。

二、在线教育发展现状

（一）样本选取

以中国知网（https://www.cnki.net/）为网络搜索平台，选取CSSCI期刊和
中文核心期刊为样本文献的期刊来源，检索起止时间从2010年开始至2019
年，检索"篇名"中包含"在线教育"的研究文献，共检索到相关文献151
篇。经过清洗数据，剔除会议通知、书评等无效数据之后，共获得有效文献
142篇，构成本研究的样本文献。

（二）量化统计

年度发表文献数量是衡量研究领域热度的最直接的指标之一，可以从
客观数值的大小和变化趋势上对研究领域的变化直接反映。各年度文献数量
示意图如图8-1所示，从整体数量变化趋势来看，2012年出现了发文量的最
低值，之后出现大幅度的持续增长。在最近五年间，略有上下浮动的同时，
总体保持比较平稳的数量。文献数量的变化与相关政策的出台密切相关，从
2014年至今，在线教育的研究热度一直保持在较高的水平。2020年受到新冠
疫情影响，各类学校和教育机构均开展了不同形式的在线教育教学活动，为
在线教育的研究积累了大量的教学实践和研究案例，"在线教育"必将迎来
一个新的研究热潮。

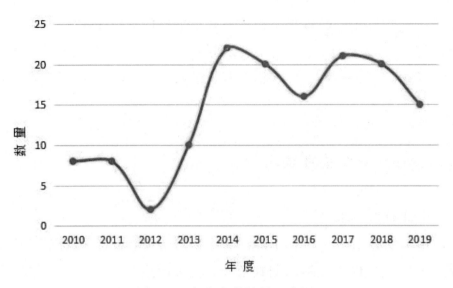

图8-1　年度文献数量示意图

　　根据共现分析理论，当两个关键词同时出现在一篇文献中时，这两个关键词即存在共现关系。关键词共现的频次越多，表示它们研究的主题越接近，彼此间的关系越密切。利用社会网络分析软件CiteSpace对样本文献进行共现关键词处理，得到关键词共现网络如图8-2所示，社会网密度为0.1273。其中，高频共现的关键词除了"在线教育"和"网络教育"外，还包括了教育资源、运行模式、教育信息化、慕课、在线课程、在线教育平台等，这些高频共现关键词反映了广大学者对"在线教育"领域的关注与研究焦点。

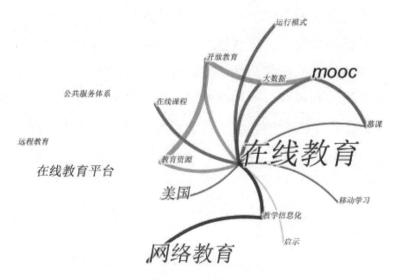

图8-2　关键词共现网络（Density=0.1273）

三、分析与结论

一方面，"互联网+"推动教育变革和重构教育生态体系的作用日益凸显：改革在线教育供给制度，增强教育供给质量和效能，加强对在线教育发展基本规律的研究，制定相关政策制度，推动学校教育与在线教育的深度融合，构建"互联网+"时代新的教育生态体系。另一方面，互联网为各类不同层次的在线教育注入了新的活力，不论是基础教育、高等教育、社区教育，还是农村教育、继续教育、成人教育，在"互联网+"时代，只有不断应对新机遇，面对新挑战，探索新路径，才能实现可持续性的健康发展。同样值得注意的是，在线教学模式的改革与评价，在线课程的设计与开发、在线学习平台选择与应用、在线学习的行为与效果评估，在线学习的策略与优化等研究，从多个具体实施的维度，就如何建立符合我国学习者需求的在线教育模式，进行了深入的探索。

通过以上的分析，不难发现："互联网+"对在线教育的发展和影响，已经深入到从宏观的教育生态构建、到中观的不同教育层次，以及微观的具体教学实施等多个层面。正是在这个基础上，作为一名在线教育实践者，积极研究和探索在线教育发生的改变或变革，以及这些变革所带来的思考和启示。

第二节　在线教育的变革

教育信息化建设飞速发展，信息技术对在线教育的影响愈加深入。2019年4月，美国高校教育信息化协会学习促进会发布了《地平线报告（2019高等教育版）》，报告中提出了六项教育技术应用的发展趋势，其中近期技术（1年或更短）包括移动学习、数据分析技术；中期技术（2~3年）包括混合现实、人工智能；远期技术（4~5年）包括区块链和虚拟助理。这些技术将持续推动全球范围的教育创新和变革，对未来3~5年或者更长时期高等教育的教学与创新实践具有重要的意义。表1所示为2016—2019年最近四年间，《地平线报告》中涉及的教育技术应用的发展趋势，其中数据分析技术、自适应学习技术、人工智能、混合现实和移动学习多次出现，这些信息技术（技术应用）对于加速实现互联网+教育的深度融合起到了重要的推动作用，同时也带来了一系列意义深远的变革。

表8-1 《地平线报告》中教育技术应用的发展趋势（2016—2019年）

技术发展	2016	2017	2018	2019
数据分析技术	√		√	√
自适应学习技术	√	√	√	
物联网		√		
移动学习		√		√
创客空间	√		√	
人工智能		√	√	√
情感计算	√			
混合现实	√		√	√
机器人技术	√		√	
区块链				√
虚拟助理				√
下一代学习管理系统		√		
自然用户界面		√		

作为互联网大国，我国互联网络的应用已经超过了世界上任何一个国家。信息技术与教育深度融合并真正成为教育系统的有机组成部分，在基本的教育运作形态和运作规律基础上，重构了现代教育服务的生产关系和供给方式，并带来了教学、管理、评价、反馈等一系列教育领域的重要变革，"教育+互联网"真正转变成"互联网+教育"。

一、认知方式的变革

在信息技术高速发展的今天，信息和知识量正在以指数形态快速增长。

信息量之大，更新速度之快已经达到了人类文明发展前所未有的程度。然而，身处这个瞬息万变的时代，每个人有限的时间和学习能力，有限的精力和大脑容量，面对快速的信息爆炸和知识更新时往往力不从心。如何从海量数据中提取有价值的信息并转化为生产力，这是新时代每个人必须面对的重要课题。在这个无法回避的社会问题面前，人们的认知方式正在发生改变。认知方式，又称认知风格，是指个体在组织和加工信息中所具有的个性化的和一贯的方式。认知方式主要表现为一个人习惯于采取什么方式对外界事物进行认知。

认知方式是了解和认识世界的基本方式，也是构建个人学习体系的基础，在当下这个瞬息万变的信息社会，信息不再以某个焦点为中心，而是越来越呈现去中心化的趋势，海量的信息分布在互联网的每个节点上，网络的规模越大，变动的驱动力也就越大。分布在每个节点上的信息，通过连接激活网络中的一个个节点，同时激活节点上的信息内容。信息的产生、传播，甚至人们接受信息的方式都发生了巨大的变化，人类认识世界、驾驭信息的认知方式必然需要进行改变与变革。大规模的协同分布式认知成为人们认识世界、处理信息的最主要的方式。当人们的认知方式发生重大的变革时，从学习理念、学习方式、到评价形式等也会发生的一系列的革新。

二、教育供给方式的变革

以MOOCs为代表的在线开放课程，为学习者提供了一种新型的优质教育资源的开放式服务模式，对传统的普通高等教育产生了巨大的冲击。在线开放课程能够在短短几年的时间内迅速兴起，同时受到社会高度的关注，在学术界一直有观点将其受到关注的主要原因归结为：基于互联网的教育资源的呈现与共享，另外一种观点则将重点放在了在线学习讨论交互方式上。这两种观点代表了相当一部分学者对于在线开放课程的形式与内涵的认识。然而，如果仅限于基于网络的教育资源的共享，我国高等学校网络精品课程和开放大学的现代远程教育试点项目早在十几年前就已经实现；如果仅限于在线学习平台讨论交流，我国开放大学、各高校网络教育学院的在线学习平台已经应用在远程教学实践中。

在线开放课程生动地呈现了一种基于网络的、以课程为单位的、开放性的优质教育服务模式。作为信息时代的一种新型的教育传播方式，它拓宽并强化了高等学校人才培养的社会化服务职能，打破了上千年来人们一直认可的、传统的优质教育服务模式，即在专门的教育场所（校园和教室），有专门的教育服务人员（教师），向专门的受教育对象（学生）提供专门的教育服务，也打破了只有少数、特定人群才能接受优质教育服务的限制。一名普通高中生，因其在选修edX的《电路与电子》课程学习中表现优异，被麻省理工学院录取，这样类似的案例现在已经不再罕见。普通大众接受顶级优质教育资源变为现实。在这样一种新型的教育服务关系下，优质教育的服务范围从特定人群扩大到有需要、有能力的任何普通人，从而真正实现了优质教育的大众化。这种新型的教育服务供给方式，不是全新的技术创新，也不仅依赖于网络信息技术的发展，而是全民优质教育需求和信息技术发展到一定程度以后，出现的一种新的教育供给方式。它不仅仅是教育资源的共享，更是优质教育服务的开放，它打破了教育围墙的限制，推动了教育的民主化，使普通人能够从实体校园外获得优质教育服务成为可以触摸到的现实。

三、学习方式的变革

当认知方式和教育供给方式都发生了颠覆性的变革时，学习方式的变革成为必然。O2O即Online To Offline（线上到线下），这个概念最早源于美国，最初是一种典型的电子商务模式，是指将线下的商务机会与互联网结合，让互联网成为线下交易的平台。O2O的优势在于把线上和线下的优势完美结合，把互联网与实体店完美对接，实现互联网落地，让消费者在享受线上优惠的同时，又可享受线下的实体的服务。同时，O2O模式还可以实现不同商家的联盟。随着相关技术的日益成熟，O2O模式应用在更多的领域：O2O餐饮、O2O物流、O2O政务、O2O旅游等。O2O让用户获得更详细的商家信息、更便捷的服务或商品；对商家来说，实现了信息精准推送到用户，同时吸引了更多的线上消费者。近几年，O2O模式进入教育行业，成为了目前"互联网+"时代最具代表性的学习模式之一。

O2O学习模式指的是线上与线下相结合的混合式学习模式。Online部分包括了优质的网络课程、在线学习资源和虚拟社区活动等；Offline部分则主要包括集中面授、课堂答疑、实操实训、强化练习等传统的课堂环节。O2O学习模式主要是将线上的优质学习资源与线下的系列学习活动有机结合，实现线上与线下信息互通，数据共享、资源多样、形式互补，从而形成一个完整的学习流程和模式。

O2O学习模式的形式灵活多样，其中基础知识的学习可以根据学习者个人情况灵活安排，线上完成；线下的面对面的环节以答疑解惑、辅导讨论等为主，既是对在线学习的补充，又是对现实在线学习过程中归属感缺失的情感弥补。线上学习中，学习者大量的学习行为数据被跟踪记录，通过大数据分析技术，对学生学习习惯、学习进度、学习状态、学习特点等进行分析，及时了解学习者的实时学习状况和各项学习指标，对其进行精准画像。建立在海量数据之上的学习者模型，帮助教师团队有依据、有目的、有重点地进行教学部署，更精准地解决教学问题，更清晰地进行教学决策。线下的集中辅导和答疑互动为学生提供了与教师和同伴进行面对面沟通、交流的机会，教师集中对常见问题和重点问题进行总结和分析，根据学生的阶段学习情况，对在线学习资源进行更加有针对性的补充、更新和完善，从而形成一个"实践—反馈—完善—再实践"的线上线下相结合的完整的学习模式。

O2O学习模式是"互联网+"时代代表性的学习模式，这种学习模式需要学习者具有一定的自主学习能力和自学控制能力。例如，有计划地按时完成线上资源的自学；学习过程中积极思考，对发现的问题和疑惑及时进行记录；主动参加线上和线下的学习讨论活动，与教师和同伴积极互动；按时完成各项练习、测试和作业等。在O2O学习模式中，教师的角色不仅是知识的传授者，更是教学的规划者、设计者、管理者和监控者，要求教师有较强的教学设计和组织能力，并能根据线上数据分析的结果，制定和完善合理的教学计划和教学策略，同时能对学生的个别化学习需求进行及时反馈和响应。

另外，教师在实施O2O学习模式时，还要根据不同学科、不同课程的具体内容和特点进行不同混合程度的学习模式设计，使线上和线下两种学习方式真正做到互相补充与渗透，切实优化学习过程，提升学习体验。

四、学习评价方式的变革

学习评价是每一种学习模式必不可少的环节之一。随着学习方式、学习人群和学习目标的多元化，学习评价方式除了传统的考试和作业之外，也呈现出越来越灵活的形式。例如：过程性的考核、阶段性成果展示、小组汇报等等。多样的考核形式灵活了评价手段，丰富了评价维度，更加综合全面地对学习成果进行衡量。然而，即便如此，考试和作业仍然是进行学习评价的最重要的方式。通常情况下，学生的考试成绩和作业完成的正确率是反映学习者学习情况的重要的结果性数据，也是评价学习效果的重要指标。然而，无论是考试成绩还是作业完成情况，往往都是以题目的对和错、成绩的高和低来进行划分与区别，划分方法简单且直接。然而，学习是一个从了解、熟悉到掌握、应用的动态过程，是一个从浅显到深入的认知梯度。考试成绩和作业完成情况只能对知识掌握水平做出一个基本判定，往往不能对学习者的思考水平和认知程度进行进一步的评价。思考水平和认知程度能从深层次反映学习者的学习成效。为了对学习者的思考水平和认知程度进行进一步的评价和衡量，可以通过对学习者重要的、有代表性的结果性学习数据进行更深一步的数据挖掘，从而发现成绩背后潜藏着的、学习者的认知水平和认知规律，从而更加客观地、全面地、深层次地对学习者的学习情况和认知层次进行评估。SOLO分类评价理论及其实践为学习结果性数据模型提供了重要支撑。

SOLO（Structure of the Observed Learning Outcome，可观察的学习成果结构）分类评价理论是香港大学教育心理学教授约翰·比格斯在1982年首先提出来的一种对学生学业进行评价的分类理论。SOLO分类评价法的基本理论源于皮亚杰的认知发展阶段论。皮亚杰的认知发展阶段论指出，一个人在其成长过程中，其认知发展是分为不同的阶段，不同阶段的认知水平是有本质的区别的。在这一理论基础上，比格斯和同事在大量的实践研究中发现，不仅人的总体认知水平有阶段性，人在学习具体知识的过程中，也有不同的阶段性特征。人在学习中表现出来的认知思维水平，是可以通过结果性学习数据进行判断的。比格斯把学习者的学习结果由低到高划分为五个层次，具体内容如表8-2所示。通过这种方法，可以判断学习者在回答具体问题时的思维认知处于哪一个层次，可以获取学习者在学习过程中的思维发展水平的科学评价，用于学习结果性数据的评估，判断学习者对具体问题的理解的思维深度。这种评价方式可以用于形成性的评价，帮助教师进行教学诊断，及时向学习者提供有效的学习反馈。另一方面，如果将五个认知层次赋予不同的等级分数，那么学习者对问题回答的质量就可以被具体量化，量化的分数又可以作为终结性评价的依据，进一步用于相关的研究和定量分析中。

表8-2　SOLO学习结果分类表

层级序号	层级名称	层级表现和特征描述	问题描述：数列F（n），F（1）=1,F（2）=1,F（n）=F（n-1）+F（n-2），其中n>=3,n∈N。
I	前结构层次（Prestructural）	学生提供的答案逻辑混乱，没有任何论据支撑。无法理解问题，同时无法正确解决基本问题。	
II	单点结构层次（Unistructural）	学生根据直接论据就找到答案，且止于此。	计算数列的第三项F（3）。
III	多点结构层次（Multistructural）	学生能够根据已知找到多个解决问题的思路，却不能将这些思路有机整合。	求出数列F（n）的前20项，并指出哪些项可以被5整除。
IV	关联结构层次（Relational）	学生能够根据已知找到多个解决问题的思路，同时还能将这些思路有机整合思考。	说出数列F（n）前20项能被5整除的项出现的规律。
V	抽象拓展层次（Extended Abstract）	学生能够根据已知找到多个解决问题的思路，同时还能将这些思路有机整合思考，能从理论高度分析问题，进行抽象的概括和拓展。	说出数列F（n）中可以被5整除的项的规律，并说明理由。

第三节　在线教育发展策略

2019年2月，国务院印发了《中国教育现代化2035》。其中，"加快信息化时代教育变革，建设智能化校园，统筹建设一体化智能化教学、管理与服务平台。推进教育治理方式变革，加快形成现代化的教育管理与监测体系，推进管理精准化和决策科学化"作为一项重要的战略任务写入其中，这正是"互联网+时代"学习型社会建设的重要内容。2019年10月，时任国家开放大学党委书记、校长荆德刚在接受记者专访时指出："5G、人工智能等新一代信息技术正在给社会生产生活各个领域带来革命性变化，国家开放大学将利用5G、人工智能等信息技术，汇聚整合国内外优质在线教育资源，针对各类学习人群，提高教育精准供给度和服务水平，为广大社会成员提供更加开放灵活便捷的学习方式和多样化多层次的教育服务"。"互联网+"时代是新一代信息技术重构各行各业服务模式和生态体系的新纪元，是在线教育发展的新拐点。作为在线教育的实践者，身处新时代，面临新机遇，应对新挑战，只有敢于探索，勇于实践，才能真正做到不负这个新时代。

一、优化在线教学策略

在线教育发展到今天，教师的角色定位从传统教学的知识传授、课程讲授，逐渐发展过渡为注重课程设计、引导实施、监督反馈，从而支持和推动学生顺利完成在线学习。这个过程对教师的在线教学的设计、组织与实施能力提出了更高的要求，除了为学生准备优质的学习资源外，吸引学生主动参加到在线学习活动中，干预学习进度，优化学生在线学习体验，提升学生的通识合作能力、知识构建能力、语言表达能力、问题解决能力等，都是教师需要统筹考虑的重要内容。因此在线教学策略的选择和优化尤为重要：在线教学中，学生基本"第一排"就坐，遵循多媒体认知原则，适当使用文字、图片、音频、视频等多种形式呈现在线学习资源，适时采用情景变换，激发和吸引学生的注意力，从而提高在线学习的效率。第二，教学内容模块化呈现。在线学习环境以个人学习为主，不具备传统课堂中实时的互相监督的作用，学生注意力完全集中的时间往往不超过30分钟。因此，将各类学习资源进行20分钟左右的模块化处理，同时穿插不同形式的学习活动和要求（如：观看视频、中断提问、完成测试、小组讨论），确保学生能够高效地完成学习任务。第三，教师恰当呈现形象，有利于促进教师在学生中建立个人形象和认可度，尤其是直播教学中，适时地、动态地切换教学内容和教师形象，或者通过直播工具的功能设置将教师形象和教学内容演示同时保留在屏幕中，对于消除学生在线学习的孤独感，提升学生的实时参与度起到了不可忽视的重要作用。第四，保持高水平的、有效的互动。在线互动中的评价、发表新观点以及提出问题等互动活动能有效提高学生互动的积极性。教师（或课程团队教师）作为教学互动的设计者和引导者，应当为每一个学生提供及时的、形成性的有效反馈，同时为学生与学生、学生与学习内容之间的交互提供良好的支持服务。除此之外，鼓励教师采用轻松、幽默的语言，适当使用手势和肢体动作，打造轻松、积极的在线课堂氛围，塑造良好的教师个人形象，也是激发学生学习热情的有效教学策略。

二、发挥教学团队优势

教学设计在整个教学过程中显现出越来越重要的作用：从分析学习需求、学习内容、学习者特征、到明确学习目标、制定教学策略、选择教学媒体、设计与组织线上与线下教学活动、再到教学成果的评价、反思与改进等，每个环节都对教师提出了比以往传统教学更高的要求。这些环节的设计与实施仅靠主持教师一人的力量是难以完成的。在"互联网+"时代，发挥系统优势，集合优质师资，借助团队力量，开展在线教学是开放大学近年来的一项重点工作。国家开放大学从2018年起将在线教学团队建设作为一项重点系统建设工作内容，先后出台了《国家开放大学网络教学团队建设管理办法》《关于深入推进网络教学团队建设工作的意见》《国家开放大学网络教学团队考核方案》等一系列相关文件，针对每一门网络核心课程成立了以课程为单位的网络核心团队，团队由国家开放大学课程主持教师牵头，部分省级课程责任教师作为团队成员参与其中，从课程的建设与改版，资源的制作与完善，教学的组织与管理，课程的考核预评价等多个方面，将团队建设工作扎实推进。河北开放大学将网络教学团队建设作为省校重点工作内容，也陆续出台了一系列河北开放大学团队教学实施办法和政策文件，鼓励一线教师积极参与其中。目前，在全省范围内先后组织成立了六十余个以课程为单位的网络教学团队，团队由省校课程主持教师牵头建立，团队成员包括了省校、市校以及教学点相关教师，分别在课程建设、资源制作、教学活动设计与实施、直播教学、考核评价等教学支持环节开展了积极、有效的尝试和探索，尤其在凝聚系统师资力量、提升系统整体教学质量方面起到了重要的推进作用。课程网络教学团队积极探索、勇于创新，在"移动学习模式"和"混合学习模式"等教学改革中探索出了具有一定特色的教学模式，为有效提升在线教育的教学效果起到了积极的示范引领作用。

三、提升数字化学习体验

随着5G技术被广泛应用到社会经济各个领域，学习者对提升数字化学习环境的流畅性与体验感的需求在持续增长。应用新技术，不断提升在线教学中师生的数字化体验感与流畅性，是新时代对在线教育提出的更高的要求与目标：利用VR/AR技术，创设游戏化学习环境，激发学生的学习动机；利用大数据、人工智能、学习分析，实现个性化自适应学习；有侧重地将人工智能、增强现实、虚拟现实等技术应用到智能学习场景中，模拟技能训练，构建虚拟角色，增强学习者参与学习的真实感与交互性；从视觉、听觉、触觉、力觉，甚至情绪、运动等各个维度提升学习者的数字化学习体验；从学习路径规划、学习障碍分析、个性化学习资源推荐、学习资源生成，到自动命题与评阅、个性化学习报告、智能评价，形成一个虚实融合、感知适应、数据驱动、自然交互的无感知智慧教育新生态。在智慧教室里，通过面部表情的识别、语音情绪识别，实现课堂情绪分析，明确教师授课风格以及学生的情绪契合度；FaceID、声纹识别技术实现学生出勤统计，语音转文字技术实现关键字提取，用来分析课堂内容，实现知识点的自动提取。图书馆的人工智能无人值守，智能机器人担任"图书管理员"，实现从读者识别、查找、归还、借阅图书等多项功能。智能教师助理通过个性化学习情境，完成日常教学、教研、专业发展等相关工作，实现智能辅导、智能出题与批阅、个性化评价报告生成、个性化作业推送，精准教研报告，并结合学习情境分析，学习者行为分析，生成精准教学设计和年度（学期）总结。数字化学习体验与数字流畅性的提升，不是学习者面对着越来越多的智能设备，更不是让他们面对这些设备无从下手。真正的智慧化是在"无形中"智慧每一个细节，实现对受众的"无感知"的服务和"沉浸式"的体验，在"悄无声息"中体验数字化与流畅性。

四、创设混合学习空间

如果仅用线上和线下的简单结合来定义混合学习，只是混合学习的简单的外在表象。混合学习真正的本质是在信息化教学设计前提下的，对学习全过程的设计与实施。在传统的线下教学中，学习者的个性化发展与个性化需求虽然存在，然而有限的课堂时间内，教师无法做到关注每一位学习者的需求。学习者从学习经历、学习基础到认知风格的差异导致了学习习惯和方式的明显不同。混合学习无论从学习内容的确定、学习资源的呈现、学习方式的选择、学习过程的评价等环节，都是通过为学习者提供不同的学习路径，满足不同学习者的需求，从而真正实现个性化学习。

传统的线下学习，主要源于教材和教师的讲解，主要是对已知的或者已有明确结论的知识的学习。混合学习由于学习空间和时间的扩展和延伸，学习者不仅可以获得已知领域知识更多的途径和方式，还可以借助混合学习时空的优势，组织、建立或者加入不同的学习社群，拓宽学习范围，延伸学习深度，以所学知识为基础对未知领域进行探索。在这个过程中，学习者学习已知，探索未知，逐步将隐性知识向显性知识转化，其思维能力和解决问题的能力同时得到了发展和提升。因此，混合学习空间既是学习发生的客观条件，也是进行探索研究获得新知的有效媒介。在进行混合学习设计时，应充分发挥线上和线下学习的优势，进行有效的互补：如在线学习中，空间的距离限制了归属感的获得和情感的交流，自我管理能力较弱的学习者还会随着学习进程的推进，中断甚至放弃在线学习。因此，在进行混合学习设计时，有针对性地加入线下的体验式活动、成果性展示、小组式讨论等社会性学习活动，有效缓解在线学习的孤独感，增加师生感性交互，活跃学习气氛。除此之外，混合学习关注每一位学习者的个性化学习需求。因此，在设计混合学习时，面授与探究方法的混合，接受与展示性活动的混合，学习过程与成果的动态评价混合等因素的关注和策略应用都尤为重要。

参考文献

[1]陈丽.远程教育学基础[M].北京：高等教育出版社，2004.

[2]黄清云.国外远程教育的发展与研究[M].上海：上海教育出版社，2000.

[3]丁兴富.远程教育研究[M].北京：首都师范大学出版社，2002.

[4]成秀英.成人远程教育模式的适应性问题试探[J].教育信息化，2004（4）：2.

[5]吴永和.现代远程教育支持服务环境的构建[J].开放教育研究，2006，12（1）：4.

[6]丁兴富，吴庚生.网络远程教育研究[M].北京：清华大学出版社，2006.

[7]高峻.基于引领式在线学习模式的网络课程设计与研究[D].上海师范大学，2008.

[8]杨竹筠，郑奇.MOOC等在线教育模式初探[J].科技与出版，2014（2）：4.

[9]马秀麟，毛荷，王翠霞.从MOOC到SPOC：两种在线学习模式成效的实证研究[J].远程教育杂志，2016，34（4）：9.